真愛不能將就，幸福必須講究

大好きな人の「ど本命」になるLOVEルール

妳的人生是妳自己的！

如果有讓戀愛順利的法則，妳會怎麼做呢？

不管怎樣先試試看？還是保持現狀，貫徹不順遂的戀愛模式？

妳的人生是妳自己的。要做還是不做，都是妳的自由。

但妳是否在不知不覺中，被「像我這樣的人得不到幸福」的緊箍咒束縛了？

「像我這樣的人，又不是什麼美女啊……」

「哎呀，我都已經老了……男人嘛，不都喜歡年輕妹妹嗎？」

「不會有人願意愛這樣的我，我才不相信男人的鬼話！」

「像我這樣的人就算主動去倒追男人，也從來沒有成功過。」

「對，我是敗犬。想要挽回前男友根本不可能！」

「幸福的人一定是上輩子燒了好香。反正我是沒有指望的啦……」

我這樣的人嘛～像我這樣呀～反正呀～……

妳曾經有過像這樣自我放棄的心態嗎？這些，是妳內心真正的想法嗎？

每次打開手機和電腦，網路上絡繹不絕的失戀文章，以及為愛受苦的人負面消極的發文，讓人看著看著不禁感同身受「我懂！男人不是什麼好東西！」身邊的家人朋友也不斷在耳邊訴說「美好的戀情只發生在韓劇或童話故事裡啦！」的言論。耳濡目染之下，妳也不知不覺被囚禁在「失戀輪迴」之中（順便提一下，所謂「夢想殺手」，指的就是這些愛說閒話的人）。

到底是什麼時候開始的？所謂「幸福」，變成只有特定女性才能擁有的事。

我就是一個活生生的過來人例子，曾經患有很嚴重的「像我這樣的人」的病。

我的原生家庭並不單純，父母很早就離婚了。從來沒有全家人一起圍著餐桌吃飯的記憶，雙親也不曾參加過我的運動會或教學觀摩。我的媽媽光是為了讓孩子溫飽就已經竭盡所能，根本無暇顧及我的其他事情。連班上的同學或班導師，都會欺負我說「妳爸媽又沒來呀」，導致我越來越負面消極，變成無可救藥的卑微又孤僻的孩子。

校園生活並不愉快，家裡也充斥著疲憊不堪的媽媽對爸爸的抱怨和不滿。「妳爸真的是很過分的人」、「男人都不能相信」。這些話從小就深植在我的心中，讓我對男性抱持根深柢固的負面印象。

＊來自靈魂的吶喊，無論如何都「想要幸福！」

「像我這種家庭環境複雜的人，不可能得到幸福！」長大成人後，這個詛咒依然緊緊束縛著我。

不管和誰交往，不管做什麼，我心裡的某個角落總是會有「像我這樣的人不可能幸福」、「男人這種生物不能相信！」的想法。交往過程中也老是疑神疑鬼，明明什麼事都沒發生，卻有嚴重的被害妄想症，不斷檢查男友的手機，一看到女性的名字就咆哮痛罵「這個女生是誰！如果你心裡沒有鬼的話，現在就打電話給她啊！」……然後接電話的是親戚，時常鬧這種天大的笑話。

像我這樣的人，是無法得到幸福的人。

我一邊在心底這麼告訴自己，一邊努力忽視來自靈魂深處「想要得到幸福！」聲嘶力竭的吶喊。內心的掙扎糾葛，讓我的心靈總是很不安定。

夜晚鑽進被窩後，內心的掙扎更加明目張膽。

我好想得到幸福，可是卻沒有辦法，因為我不是能夠得到幸福的人。如果注定要孤單過一生，那我又是為了什麼被生下來的呢？每天為了生活工作，一天結束後，又起床工作，日復一日……沒有做過了不起的事，也沒有被人認同過，甚至沒有體會過和喜歡的人心意相通的感覺，難道，我就要這樣死去了嗎？好寂寞……好可悲……為什麼我不是在幸福的星星下誕生的人……

即便好不容易結了婚，以為可以就此擺脫痛苦，現實卻不是這麼一回事。明明兩個人在一起，我依然感受到強烈的孤獨和絕望感，過著光是呼吸就竭盡全力的每一天。直到幾年後，這段婚姻也畫下了句點。離婚後，我對任何事都提不起勁，對於自己不順遂的人生，更是打從心底感到厭惡。

*為了從「像我這樣的人」的病中掙脫出來

再這樣下去，人生就毀了！一定要做點什麼，中止讓自己不幸的原因！

後來的幾年，我反覆在錯誤的戀愛中學習，就算跌得滿身是傷也不放棄，憑著超強意志力研究談戀愛的方法，像是把點和點連接成線一樣，在不斷的嘗試和發現中，終於找到了讓戀愛順利進行的法則。

現在，我已經從「像我這樣的人」的病中掙脫出來了。現在，終於能夠抓住溫暖的幸福了。由我最愛的老公、孩子、兩隻貓共同組成的家庭，正是我安身立命的幸福所在。

妳知道，為什麼會有「像我這樣的人」的病嗎？

其實說穿了，**只不過是胡思亂想**而已。妳只是受到過去的情傷制約，只是被周圍的意見左右而已！所謂「妳不會得到幸福」的根據，連一丁點都不存在！

至於情路跌跌撞撞的原因，妳覺得是什麼呢？

因為沒有桃花運？前男友造成的心理創傷？前世做錯事的懲罰？外貌？年齡？都不是。**單純就是你不知道讓戀愛順利進行的法則而已！**

為了和男性順利交往，我們的行為舉止和觀念都很重要。**我不會教大家如何討好男性，沒有必要。我們要做的，是貼近男性的心，進而得到幸福的力量。**

自從我在部落格、社群網站上發表「追求真愛」的觀念和方法後，我的信箱就被來自四面八方的訊息塞爆：

「我推薦女兒看您的社群網站後，女兒和她暗戀對象很快就訂下婚事。」

「一直沒有打算要結婚的他，向我求婚了！」

「終於和拖拖拉拉交往10年的男友分手了。在那不久之後，我就遇到很棒的人，並且訂了婚。」

諸如此類的好消息接踵而來！

＊大家都是戀愛的超級外行人，失敗是理所當然的！

在本書中，我將更淺顯易懂地介紹追愛法則。

在約會時一舉抓住男人心的法則，妳不想知道嗎？

讓妳單戀的那個他墜入愛河的法則，妳不想試試看嗎？

人生只有一次。

「想和喜歡的人幸福在一起！」不再是不敢奢望的夢想，**不用依靠什麼咒語，只要掌握追愛的法則就足以實現。**

一直以來，妳對戀愛的方式都是靠腦補摸索，然後，就以分手收場了吧？

兩手空空談戀愛，就好像對殺魚的方法一竅不通，卻有人突然拿了一條鯛魚給妳，叫妳「把牠切成生魚片」是一樣的狀況，就算鯛魚再新鮮肥美，也注定被切得亂七八糟（好浪費。淚），戀愛也是。

但是，從今天起，不需要再撞得滿頭包了！

只要理解法則，就能解開謎一般的男人心（其實很簡單），以前在遇到「糟糕了！該怎麼做才好？」的時候，只能盲目用Google搜尋，但現在遇到任何狀況時，**腦中就會自然浮現「啊，書裡說要這樣做！」然後反射出對應的方式**。

所以，即使妳經歷過無數次失敗，背負著難以癒合的情傷，即使妳內心深藏著無法對人說的心酸苦楚。無論如何，都不要深陷「像我這樣的人」的思維中。

失敗是成長的養分，是墊腳石！請相信自己「一定會得到幸福！」，然後持續貫徹追愛法則吧。我們的人生是自己的，請更珍惜自己，更相信自己，然後，貪心地朝向幸福飛奔吧！

INTRODUCTION

真愛必須講究，別讓自己將就

CHAPTER 3

讓他對妳心動，告別單戀

CHAPTER 4

遠離渣男，找回幸福的可能

CHAPTER 5

在相處之間，看見愛情的模樣

CHAPTER 6

男人的心，也需要被呵護

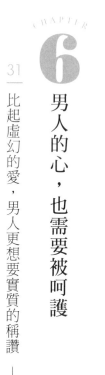

CHAPTER 7

在社群時代，愛情沒有距離

CHAPTER 8

走出失戀，重返戀愛舞台

INTRODUCTION

真愛必須講究，別讓自己將就

LOVE

RULE 01

想要在戀愛中抓住幸福，就要成為唯一女主角

「戀愛一不順利，就覺得自己變成世界第一的醜女，好痛苦（淚）」

這種感覺，我很～清楚。明明工作順利，也常和朋友聚餐，但夜深人靜獨處時，卻總是陷入**「最近和男友之間真是不順利……唉，我到底是哪裡不好呢？」**的負面思緒中，變得很憂鬱，完全喪失了自信……回過神來才發現，像這樣無時無刻腦中一直渴求「**幸福**」的想法，竟然已經持續了一整年。

雖然只不過是戀愛而已，卻不能小看戀愛。

戀愛左右著我們人生的情緒，想要過幸福的生活，必須更加正視戀愛的煩惱。

女生在什麼時候會感覺幸福？

即使大家都說「要幸福！」，但幸福聽起來卻很籠統模糊，不知道到底要把什麼當成基準才好，對吧？

是的，想要得到幸福，首先，必須在心中勾勒出溫暖幸福的樣貌才行。如果連想要的幸福是什麼都不知道，那是絕對不行的，就跟連方向都不知道卻在航海一樣，一定會發生船難。

據說，相較於龐大、稀有的事件，女生的幸福感更容易建立在日常生活中的點點滴滴上。舉例來說，比起平常很冷淡，但一年帶妳參加一次超豪華旅行或贈送昂貴禮物，每天問候、關心的體貼呵護，對女生來說的幸福指數反而更高。

下面是我將生活中幾個讓女性感到幸福的瞬間，和會讓女性從幸福雲端摔落下來的瞬間做比對，請試著想像一下吧！

幸福的瞬間 v.s. 摔落的瞬間

○ 很認真回訊息，忙到沒辦法回的時候，之後也會主動聯絡。

× 基本上回訊息很隨便，傳什麼都無動於衷，還會好幾天已讀不回。

○「妳真的好可愛～」眼尾彎彎地笑著稱讚妳。

× 毫不在意說出「妳該減肥了吧」，用開玩笑的語氣抱怨妳是醜女、胖子、老太婆身材。

○ 約會的時候很大方，在他能力所及的範圍請妳吃飯也不在意。

× 約會花錢小氣得很，即使請妳吃飯，事後也會一直拿出來說嘴。

○ 心裡有不開心的事跟他說，他會耐心聽妳訴苦。

× 心裡有不開心的事跟他說，他會明顯表現出不耐煩的樣子。

○ 不會做出讓妳不安，或是擔心他劈腿的事，讓妳有被愛的感覺。

× 和他在一起很沒有安全感，感受不到對方的心在自己身上。

○ 做愛時感覺到被愛，心靈也獲得滿足。

× 做愛後覺得被當成道具利用般，感覺很可悲。

女性在戀愛時感受到的幸福，來自經常被對方放在第一優先順位的感覺。而心靈獲得滿足，不會動不動感到無助寂寞或不安，打從心底認為對方「真的好溫柔，很認真在經營這段感情」的狀態，就是本書中將不斷提起的——「被對方當成『唯一女主角』的狀態」。

抓住幸福最重要的法則

成為他眼中的「唯一女主角」

成為「唯一女主角」，幸福就在眼前

若能夠成為讓男性全心全意付出的「唯一女主角」，戀愛的煩惱自然消失無蹤！因為對他而言，妳是無可取代、絕對不想失去的存在。

男性的本能，就是在遇到對自己來說很重要的事情時，會竭盡全力去爭取。本來不喜歡回訊息的人，遇到「唯一女主角」後也會突然變得超積極，不放過任何一則訊息（**為了不讓妳和別的男人傳LINE**）。

放假的日子也不再滿腦子電動，理所當然會約妳出去。對其他的女人興致缺缺（只迷戀著女朋友），很早就開始討論結婚的話題，甚至默默付諸行動。絕口不提可能造成妳反感的事情，不會對妳大發雷霆，也不會做無理的要求。這些所作所為，都是因為害怕妳突然離開。

如果妳的情況和以上相反，不斷受到戀愛的煩惱和痛苦折磨，就表示對他而言，妳並非無可取代的「唯一女主角」。

男生對於自己認定的人以外的女性，很容易表現出「願意跟妳交往妳就要感謝我了！」的高姿態，一副高高在上、不以為然的態度。很震驚吧？但這就是男性的本質&真心話……

想要在戀愛中抓住幸福，不成為對方的「唯一女主角」是不行的！請先接受這個不可動搖的法則。一旦無視這個法則，即使談再多戀愛也不會感受到幸福。

以身為男性的「唯一女主角」而被愛的方法，就是本書的追愛法則。

精通這個法則將會徹底翻轉妳的人生。一點一點學習，一步一步成為對方的「唯一女主角」吧！現在放棄戀愛還太早，請用妳的手，牢牢抓住幸福！

RULE 02

妳是愛情劇中的主角、配角，還是路人甲？

「想要在戀愛中得到幸福，必須成為他的『唯一女主角』！」讓對方打從心裡珍惜妳、全心全意愛妳。但實際上，要怎麼知道對方有沒有把自己放在心上？在這裡，為大家說明「唯一女主角」的基本定義。

男性具有在遇到女性的瞬間，區分出「想要／不想要」的本能。不僅如此，在「想要的區域」中還有等級的差異，分成「路人甲／配角／唯一女主角」。「路人甲」不用說，跟炮友的地位差不了多少，只是做做愛，用來打發時間的對象。

基本上做過愛之後，女性在男性心中的位置大概就定格，不會再升級了。

「配角」的等級也是不夠的，因為並非無可取代，所以不需要珍惜！想要幸福，就只有成為「唯一女主角」這條路。

萬一妳和不把妳當「唯一女主角」的男性結了婚，即便對方沒有外遇，也很有可能變成婚姻中的豬隊友，最後落得一邊哭，一邊唱獨角戲的下場……（男性對於和不是真愛的女人所建立的家庭，通常不會認真經營！）

因此，與其在結婚後哭腫眼抱怨「我當初瞎了眼才嫁給他」，趁現在還來得及，趕快弄清楚自己是不是站在對方人生C位上的「唯一女主角」吧！

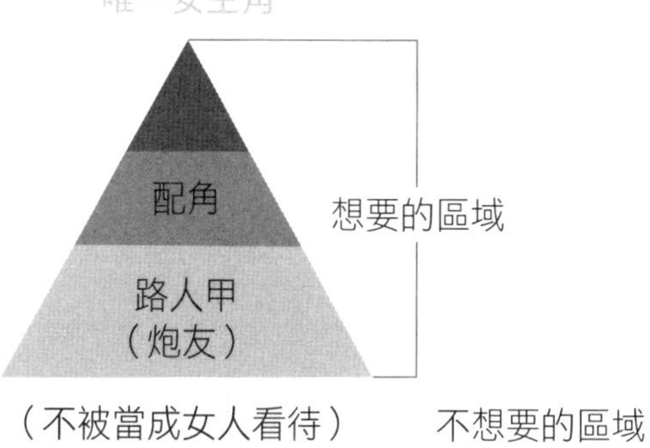

男人的紳士風度，只用在深愛的女人身上

辨別自己是不是「唯一女主角」，也有幾個跡象可循。

首先，對方在追求階段的態度。如果還沒在一起，對方就一副只想和妳上床的樣子，那就醒醒吧，別再幻想之後的發展能有多順利了。男性在完全墜入愛河的時候，即便內心想做愛的慾望再強烈，也會努力裝得很紳士，在妳面前表現出「英雄」般的美好形象（也可稱之為騎士精神）。

開始交往前，就要判別自己是不是「唯一女主角」

【認真對待妳的態度】

❶ 在妳遇到困擾時極力展現他可靠的一面，盡全力幫助妳。

② 不急著做愛，見面時不會刻意出現肢體接觸。

③ 不做讓妳感到不安的事。

④ 明明很忙，還是願意為了見妳一面特地安排時間。

【只是玩玩的態度】

① 明知道妳需要幫忙，也只會傳LINE問「還好嗎？」

② 感覺只想趕快和妳上床，而且一直毛手毛腳。

③ 常常失聯或是放妳鴿子，讓妳感到不安。

④ 不時用輕浮的口吻說「妳好可愛欸」、「妳是我的菜」，感覺不誠懇。

⑤ 用驕傲的語氣和妳聊以前交往過的女人的事。

如果對方在交往之前，就讓妳有「**這個人好像很膚淺又不誠實**」或是「**嗯？他說的話是不是有點不尊重我……**」的感受，不會錯的，他並沒有愛上妳！他只是一個有機會就想和妳上床的「渣男」，請清醒一點吧！

很多女生戀愛失敗，其實是因為自欺欺人。我以前就是這樣，明明隱約感覺「**搞不好是渣男？**」，一方面又說服自己「**一定是我想太多了！**」、「**我會用愛改變他給大家看！**」就這樣毅然決然踏入戀愛中。結果在那幾年的交往期間內被當成呼之即來、揮之即去的女人，最後戀情也在對方的失聯中結束，造成了心靈的創傷。這樣的女性，太多了（淚）。

而且很不可思議的是，很多人明明上過渣男的當，卻會再次和同樣的類型交往，陷入「渣男輪迴」而浪費寶貴的時間。希望大家都能睜亮雙眼，在交往之前就學會判別對方的認真程度。

好想從「路人甲」升格為「唯一女主角」！

看到這裡，我想也有人會想著「總有一天我也會當上他的『唯一女主角』！」

有沒有聽過這樣的一句話呢？

「男人在做愛之前，情緒達最高峰。女人在做愛之後，情緒達到最高峰。」

雖然很殘酷，但這就是現實。男性對待一段感情的認真程度，在做愛之前就拍板定案了。如果他在沒有對妳非常著迷的狀態下就做了愛，妳對他來說就是已經「攻略完畢」的關卡，不需要留戀。但是，「唯一女主角」的待遇是不同的。由男性的角度來看，「唯一女主角」是「會把我當英雄看待，好不容易才遇到的真命天女」所以即使上床之後，還是必須好好珍惜。

正談著痛苦又悲慘戀愛的妳，請幫助自己跳脫這間牢籠。只要培養出辨別渣男的眼光，學會建立和對方關係的能力，世界就會像從黑白畫面突然進化到彩色一樣，身為女人的價值，將完全綻放！不懂得珍惜妳的「渣男」，也不值得妳在他身上浪費眼淚和時間。現在開始談一場可以持續到天長地久的戀愛吧，幸福永遠來得及！

RULE 03

女主角靠的不是先天條件，而是後天經營

有些人天生麗質，有些人戀愛一帆風順，也有人天生受歡迎，或是順利找到金龜婿，不論遇到什麼困難身邊都有人支持……

「好羨慕！為什麼只有我一無所有！」

「到底什麼時候我才能得到幸福？這種日子要過到什麼時候？」

「我只是個配角、邊緣人……」

夜晚，被自己的悲慘處境弄得遍體鱗傷，躲在被窩裡，毫無理由的淚流不止……聽好了，妳不是什麼配角！妳，是妳人生中的「女主角」！

我們都要有這樣的自覺才行。如果一天到晚自怨自艾，覺得自己是不配得到幸福的配角。那麼，假使哪天幸福出現在眼前了，妳會伸出手去抓住嗎？

跳脫女配角的陰影

為什麼會說自己是配角呢？講白一點，就是對自己沒自信。抱持著「**和周圍閃閃發亮的女孩們相比，自己什麼都沒有**」的想法，然後自作主張退居幕後。

增加自信最好的方法，就是找到一個可以投入的目標，並努力達到某個程度的成績！自信的光采，是讓女配角重生成為女主角的強力鎂光燈。

♥ 跳脫配角性格的方法

1. 找到自己的興趣，努力研究到可以侃侃而談的程度。
2. 勇於挑戰想嘗試的事，不要用年齡或工作、環境現況當藉口。
3. 設定理想的女性榜樣，並努力以她為目標前進。

人生的確不平等，但過去或先天條件不會因為埋怨而改變。每天心灰意冷說著「反正我就是這樣的人……」只會讓自己看起來愁雲慘霧，本來即將降臨的幸福也被嚇得溜之大吉。請試著從自己開始轉變，剛開始很勉強也沒關係，一點一點創造出「我也做得到！」的瞬間，漸漸累積出充滿自信的自己。

我自己也經歷過好幾次的戀愛失敗（笑），讀書不行運動也不在行，下定決心改變之後，才一點一滴從什麼都沒有的自卑心態中，慢慢建立了自信。我們都會遇到很多不甘心或悲慘的事，當妳感到痛苦的時候痛罵個幾句，再一邊拍拍屁股站起來吧。只要站起來，就算顛簸也沒關係，總有一天會逐漸茁壯強大。

當羨慕別人而憤恨忌妒時，不如將這個負面的情緒轉變成磨練自己的能量，生命寶貴，沒有空浪費力氣在扯自己後腿的事情上面。

我所認為的女主角，不是公主病或卑鄙的女人。如果花時間做那些無謂的小人舉動，迎來的，將是棺材（笑）。等死到臨頭了才發現「我為什麼要花時間自找死路？」。

我們就是自己人生的女主角，時時刻刻對這件事保有自覺，自然就知道該做出什麼樣的行為。卑鄙和女主角的形象不合，嫉妒也不適合套用在女主角身上。

那個他，是適合我的男主角嗎？

對了對了，女主角。在妳僅此一次，不知道什麼時候閉幕的寶貴人生中，和妳演對手戲的男主角，會是那個「渣男」嗎？

這樣一想，是不是覺得很不配？我們可是女主角！女主角應該要得到真愛、過得更幸福才對。不要低估自己的價值，抱著「反正我的人生就是這樣」的想法而躲藏在舞台後方。抬頭挺胸，拿出女主角的氣場走到舞台正前方吧！我們的人生劇場裡，可沒有「渣男」的一席之地。

幫自己選一首充滿能量的「主題曲」！

告訴大家一個「提升女主角感」的小祕密，那就是——找一首妳的主題曲！

我雖然沒有特定喜歡的歌手，但每次看到麥可傑克森或皇后合唱團、Mr. Children、矢澤永吉等歌手在舞台上氣場大爆發的表演，就像是被充飽電一樣。

這只是一個儀式感般的小小心法，但找到一首能讓妳深受感動，從內心湧現出「好！今天也好好擔任女主角！」的主題曲，就像是看著舞台上的布幕逐漸升起般，能帶來滿滿能量，迎接即將綻放光芒的人生舞台。

RULE 04

愛情是兩個人的事，兩個人都幸福才算數

有時候戀愛不順利，也不完全是單方面的問題。問問自己，妳真的了解男人的想法嗎？就像我們知道小狗喜歡被摸肚子，小貓被搔喉嚨會很舒服一樣，妳知道男性會因為什麼事情感到開心嗎？

我們在飼養小動物時，都知道要做牠們喜歡的事情來討牠們歡心，但是聽起來這麼自然的事，一談了戀愛，卻完全不記得了。

常常可以看見這樣的情形。妳的他——表面上冷淡，卻在心裡不斷吶喊「不能稱讚我一下嗎？」、「為什麼不認同我！」、「不要批評我做的事！」，像個三

歲小孩躺在地板上，腳胡亂踢來踢去，期望從妳身上得到尊敬和信賴（在這裡，也給男人容易受挫的心秀秀一下～）。

但在這時候，妳卻是遙望著遠方流著淚，一心想著「他為什麼不像以前那樣溫柔，是不是不愛我了？我們之間沒有希望了嗎？」完全無視躺在地板上的他。

男人和女人的不同調，是戀情破裂常見的原因之一。我們有時候會過於在意「自己是否被愛」這件事，而忘了對方也需要得到對等的幸福和快樂。

在對方需要認同的時候，蹲在他旁邊說一聲「你好厲害，真的幫了我好大的忙！」就是修補愛情裂痕的強力膠。如果找到好的對象，適時灌溉名為「認同」、「尊敬」的愛，才能讓愛情之苗成長茁壯。

是的，不學會如何讓男人更加喜歡我們是不行的！在戀愛中的幸福感，必須雙方都感到幸福才能成立，讓最愛的男人也籠罩在幸福的光輝之中吧！

男性的外在表現 v.s. 檯面下的真心話

1. 表現出固執或自以為了不起的姿態↓「我希望得到妳的肯定！」
2. 滔滔不絕講些淵博學識的知識↓「快稱讚我，我很厲害吧！」
3. 故意提起「那件事我幫妳做好了哦」↓「我很可靠，快感謝我！」
4. 驕傲分享工作上的事情↓「我很厲害，我很努力在工作哦！」
5. 擅自帶妳去他喜歡的地方↓「這是只有妳才知道的祕密基地。」
6. 硬要跟妳分享遊戲或興趣的收藏品↓「給妳看我珍藏的寶物！」

對於不懂男人心的女生來說，碰到男生表現出這些舉動時，可能會不知道要做何反應，甚至感到尷尬、無趣。但這些其實是男生愛情的表現。他也許比妳想得更在意妳，只是妳都沒有發現而已。如果他總是圍繞著妳行動，希望妳對這些行為有所反應，卻得不到任何回饋或是弄得氣氛很僵，久而久之，他當然會冷卻下來，或是忍不住鬧脾氣，形成妳眼中的「他變得好冷淡」、「為什麼不像以前那麼溫柔？」的情形。

「稱讚人這種事，不是男朋友應該做的嗎？」當妳這麼想的瞬間，就Game Over了。沒有常懷感謝、厚臉皮的女人，是不會被愛的。永遠不要忘記，男生也需要獲得讚美和尊敬，改變觀點，才能更貼近男人的心。

剛開始嘗試做不擅長的事，可能會有些綁手綁腳，但與其煩惱而停留在原地，不如試著改變看看。不管有什麼結果，都要自己盡全力試過才能斷言。提升自己的自信，也學會幫助他人提升自信，這麼一來，一定能夠往幸福再邁進一步。

CHAPTER

1

在愛情裡，最難的是「相遇」

LOVE

RULE 05

誰說白馬王子不可能是渣男？

很久沒談戀愛的妳，曾經在心裡想像一個理想的對象嗎？一個符合自己所有期待的白馬王子（笑）。

外表、個性、身世樣樣到位，住在心裡面的這位王子沒有瑕疵。但如果回歸現實後跳脫不出這些美好的想像，什麼條件都想要……過於貪心的結果，自然是一場空。

明明眼前出現了不錯的對象，也忍不住挑剔「**如果他年薪可以再多個六十萬就好了……**」、「**雖然很溫柔，但都不說甜言蜜語**」、「**是家裡的長子啊……**」所有的緣分，都在挑三揀四之下逃之夭夭。

那些美好卻不切實際的想像，請立刻丟掉！深陷在理想世界中的人，最後只會因為想像破滅，痛苦不堪而已。

理想對象的基本認知

1. 就算符合所有條件，這個人也不一定是妳命中注定的人。
2. 真正的王子是即使條件不符，也能夠讓妳幸福的人。
3. 離「夢中情人」形象越近的人，「渣」率越高。

接下來，就來仔細說明關於這三點認知。

認知❶ 白馬王子搞不好是「超級渣男」！

某一天，我和理想的王子相遇了。

沒想到在這一生中，有機會和顏值高、收入高、非長男、可以讓我當專職家庭主婦，實現所有理想的王子在一起~♡但有件事我有點介意……就是他好像沒有很認真對待我……偶爾不理不睬就算了，上次我身體不舒服，他也沒有任何表示和關心……這樣的情況，等結婚後有了共同的生活目標，應該就好了吧？我會做好家庭主婦的工作，成為一個好太太的！

很多人明明在交往過程中覺得不對勁，卻還是假裝沒看到，傻傻結婚登記，就為了踏入嚮往已久的貴婦生活。沒想到白馬王子可不這麼想，「我和這女人結婚只是將就而已，希望她至少把家裡的事處理好」，這，才是不堪的真相。

想要過著被寵愛的幸福生活，結的卻是家政婦的契約婚姻。就連結婚紀念日那天，撒嬌著依偎在他身上說「今天要做什麼嗎～」，也只是被冷回：「我有工作，沒空。」啪的一聲，彷彿在妳臉上打了一巴掌。

甚至後來懷孕，孕吐太嚴重沒辦法做家事的時候，白馬王子也只是深深嘆一口氣，搬著一籃囤積很久的待洗衣物，一邊說著「欸，我同事也是孕婦，可是人家還在工作欸？妳是不是太嬌貴了啊？」一邊放在妳眼前然後走掉。

孩子出生後也是，半夜孩子一哭醒，白馬王子就氣得怒吼：「吵死了！我明天還要工作啊！」。甚至看著睡眠不足、臉色憔悴的妳，不經意嘲諷「果然當了媽，就不再是女人了啦」……

白馬王子的真面目，渣透了。當本性露出來之後，不論他再帥、收入再高，條件再怎麼完美無缺，妳一樣是每天晚上哭腫雙眼而已。

認知❷ 把握能夠讓妳幸福的真．王子

在兩人相愛的前提下，當男生決定和妳步入婚姻時，表示他已經下定決心「要讓這個人幸福」。在他的眼中，妳成為了不可取代的「唯一女主角」，而這，也是追愛過程中我們必須確保的第一要件。

在這個前提之下，他當然不可能對妳施加精神或言語暴力，更不會處處埋怨瑣碎的小事。看到妳深受育兒或家事所苦，也不可能佯裝沒看見。

當妳生病了，他會努力照顧妳，平常也對妳百般寵溺、寬容，甚至到連妳自己都覺得「**我被寵成這樣好嗎？**」而不安的地步。「我會保護妳哦」，一路走來，他都溫暖地陪伴在妳的身旁。這，才是能帶給妳幸福的真．王子。

如果妳光是捧著五花八門的條件清單騎驢找馬，又判斷不出自己在對方眼中地位，是遇不到理想對象的。

認知3 認清「感情不是用來炫耀」這件事

在妳的內心深處，是不是想要找到一個可以向他人炫耀的男人呢？

「到了這個年紀還單身，只能靠結個好婚來大逆轉了！」這樣的心情，妳敢說妳一點也沒有嗎？

在列出自己理想對象的條件之前，請先秉持著「即使交了男朋友，也不向任何人說，不介紹給任何人」的前提。一定要先捨棄下意識想炫耀的心態，不然就遇不到真正的王子！

踏入婚姻的首要條件，就是必須成為對方眼中的「唯一女主角」。其他像是「我不喜歡抽菸的人」、「對方最好也喜歡動物」、「想要聽甜言蜜語」這類次要的選項，都可以再重新取捨。

順帶一提，工作能力越強的女性，越容易執著於「值得尊敬的人（收入比我多，工作能力比我強）」。但是啊，如果對方很珍惜妳，他那種充滿愛意和誠意的表現，比任何事都還要值得尊敬吧。而且比起只有工作能力強的「渣男」，品德也來得更重要。

如果可以成為對方打從心底珍惜的「唯一女主角」，就算劇本沒有按照原先規劃的模式發展，但因為很幸福，又有什麼關係呢？遇到一個能讓妳笑著說出：「遇到他，我真的好幸運♡」的人，比什麼條件都重要吧。

♥當被對方問到「喜歡什麼類型？」時的回答

【對「有感男」的回答方式】

依照對方的條件回答。例如對方身材高大，就說「我喜歡比較高的人」，對努力工作的人則說「熱衷工作的人很有吸引力」，如果對方是有點胖的男性，也可以回答「我喜歡看起來很有包容力的人」等等。總之，只要能讓他聯想到「**搞不好她就是喜歡我這一型？**」的，就是最佳答案！給男生一個追求妳的勇氣吧。

【對「無感男」的回答方式】

反過來說，讓對方知難而退就可以了。例如對方身材高大，就回答「我比較喜歡身材瘦小型的」，如果是努力工作的人，可以說「希望對方將家庭看得比工作更重要」，對有點胖的人、有點瘦的人，就試著各自選一個和他形象相反的藝人的名字，讓他失去追求妳的動力吧（笑）。

RULE 06

條件越好的女人，越容易成為愛情絕緣體

懂得把握緣分的女生，以及，戀愛絕緣體的女生，兩者間有很大的不同。

「也不是說沒有好的人選啦，就是很難談戀愛呀。」

「喜歡一個人，是什麼感覺啊……？」

「就算有人說愛我，我也沒有心動的感覺，一定要在一起嗎？」

這種女生，明明比別人花費更多心力在追求美，精神或經濟上也都獨立自主，很有女性魅力，卻長時間沒有對象。一和她們聊天，就會發現她們有莫名的大頭症，**把和戀愛無關的事加入挑對象的條件中，這樣的案例真的超、級、多！**

「工作能力強的男生比較好」、「可以相互溝通的人比較好」、「要有一定程度

的時尚感和知性」、「貼心很重要，在餐廳時會讓我坐在沙發那一邊」、「要懂得對女人溫柔」、「我喜歡那種會趁對方去洗手間時，偷偷把帳結掉的機靈男人」。

哈囉？什麼跟什麼呀？老是以自己的審美觀和主觀態度為基準，挑剔男性的工作能力或外在條件的案例，多到不勝枚舉！講究這些事，然後結婚，妳覺得這樣會幸福嗎？

聽好了！一味追求和戀愛無關的標準，根本無法判別這個男性的真實個性，也沒辦法知道妳在對方眼中是不是「唯一女主角」，一點幫助都沒有。

如果和男生約會的時候戴上「**這個人條件好嗎？**」的有色眼鏡，在腦海裡一直啪啪啪打著算盤，那妳當然無法喜歡上對方！這不是對方的問題，而是妳的問題，因為妳的心靈已經乾透了，根本沒辦法心動。

想要談一場天長地久的戀愛嗎？先把有色眼鏡拿掉，把算盤拋到一邊吧，一旦開始盤算對方的條件之後，一切就回天乏術了。

大致上來說，剛認識或交往的階段，還不要以結婚為前提來思考。請讓自己的內心保持渴望「愛」的少女狀態吧！我們追求的唯一目標是以「唯一女主角」的角色結婚，但在這之前，請先滿足「愛」的條件，不要讓自己罹患上虛榮只看外表的大頭症。太過貪心是很累人的，請再一次成為墜入愛河的少女吧！

一定要成為「唯一女主角」的原因

在妳腦中的理想男性，如果不是和「唯一女主角」結婚的話，將來，搞不好會成為這樣的老公！

❶工作很能幹的男人

如果和工作很能幹的男生結婚，崇拜的心情會讓對方變得閃閃發光，每天待在他身邊，一定可以過很幸福快樂的婚姻生活？

事實是，我身邊最常聽到的，就是「我覺得自己像被關在塔裡的女人，每天孤單一個人。老公不到深夜不回家，倆人間沒有對話，也不做愛，我寂寞到快瘋了」、「好羨慕朋友有個重視家庭的老公，我的小孩童年裡幾乎沒有爸爸……我打算等孩子大一點就跟他離婚」。

如果對他而言，妳不是「唯一女主角」，甚至被安排在工作之後的順位，那他就會變成只顧工作、不顧家庭的老公。在這樣的情況下，久而久之，崇拜的心也會瞬間冷掉，變成只是和「剝奪我幸福、面目可憎的老公」持續生活而已……（還要受到「妳以為妳是用誰的錢在生活？」的冷言冷語嘲諷）。

❷要求很高的男人

如果和品味很好，又具有文藝氣息，對生活很講究的男性結婚，一定很開心吧？感覺就像生活在時尚雜誌裡面一樣！

別傻了，在我周遭的人當中，也不乏「老公看不起我的出生」、「家裡的每一件東西，他都覺得『妳品味太差，我選就好了』」、「老公希望我的身材像模特兒一樣瘦，真的好痛苦」等，被老公看不起而痛苦不堪，最後來向我諮詢的人。

如果妳對他而言不是「唯一女主角」的地位，他就會成為單方面把他的講究套用在妳身上的精神暴力男。

懂得抓住緣分的女生，才不講究這些事情。正因為她們懂得用心看到男性的人格或非外在的溫柔體貼，所以更容易發現對方的優點，也很容易墜入愛河。

一墜入愛河後，就能夠告訴自己「條件上雖然有些可惜，但這樣體貼入微的人，如果讓他跑掉我一定會後悔！」而放寬擇偶條件。

戀愛不是用腦力來計算的，而是心被動搖的時候所激起的火花。

請自我檢視一下，妳遲遲擺脫不了的單身，是不是和大頭症、過度執著講究有關？沒有自覺是不行的，不用單純的心情來面對對方的心，就無法抓住緣分。

檢視自己是否患有「戀愛大頭症」？

【和男性兩人單獨聊天的時候】

1. 不要只在意對方的社經地位。
2. 不要過度評論時尚感（交往後再讓他變身吧）。
3. 不要急著要他「送我禮物」。
4. 對方是什麼樣的人？請保持著單純的好奇心來傾聽對方。

結婚後，比起在社會地位高、工作能力強的老公，妳會更想要能夠珍惜老婆的老公！

趁現在，把妳心中單純美好、少女的那一部分再重新安裝，認真面對男人的心和他的真心話吧！工作能力之類的條件，全都只是妳成為他的「唯一女主角」之後的贈品而已。

性生活的契合度也必須講究

比起追求社會性的條件或興趣，心理和身體的契合才是結婚後最重要的。

性方面也是，如果倆人之間無法配合，等到出現代溝要再修復就很難了。反過來說，如果身體的契合度很好，就算多少有一點摩擦，（晚上的）一場交戰後，也能夠輕易床頭吵床尾和。身體的契合度，有著能快速超越語言或道理的能量（淨化男人和女人的作用）。

順便一提，所謂已婚後的身體契合度，是指「性需求」。性慾淡泊的人和性慾淡泊的人、性慾強的人和性慾強的人，只要雙方達到共識、沒有某一方需要單方面忍耐，就可以達到完美的平衡，這世界上也有很多不做愛的恩愛夫妻。

所謂的愛情，會在心動程度和肉體契合度的影響下變得越來越深。總是和戀愛擦肩而過的妳，可以試著在約會時悄悄牽起對方的手。**「咦？好意外，或許會來電？」**、**「這個人的手……好溫暖」**等等，也許會意外點燃自己的戀愛心。

如果試過後發現生理上感到抗拒，那就算了不要勉強，再找下一個吧。我也是這樣子一邊戰戰兢兢嘗試，一邊慢慢找到讓自己心動的男性……（也有對這個男的完全無感，在約會回家路上感到疲憊的時候）。

不過，嘗試輕微肢體接觸的對象，只限於把自己當作「唯一女主角」的人。再次重申，女性是很容易因肢體接觸而心動的生物，如果不是在雙方有可能發展的前提之下，或是對方的「渣男嫌疑」還沒有洗清，拜託不要做牽手之類的事！

RULE 07

「邂逅」聽起來很美好，其實超累人！

有一天我回過神來才發現，周圍的朋友不是要訂婚，就是即將舉行婚禮，再不然就是已經生小孩了。而我，卻為了祝福這些得到幸福的朋友，過著不斷讓荷包大出血的每一天（包紅包到變窮）。

「我也該認真找個結婚對象了！」有一天我下定決定，開始積極參加各種有機會邂逅男性的聯誼活動。結果不是遇到說著「**29**歲啊（笑），差一點就出局了哦～」這樣亂說話傷人的人（而且明明比我老**10**歲以上！），就是眼珠子一直色瞇瞇打量妳，毫不掩飾「想和妳上床」意圖的人……全都是「渣男」啊！要找到一個合適的對象，怎麼這麼難？真的——好累人！

這種精疲力竭的心情，我懂。「邂逅」這檔事聽起來美好，其實超累人。

聯誼使人疲憊的原因

說穿了，其實都是人的問題。不管是在剛認識的時候，還是和對妳不認真的男人交往，只要人不對，就是一件超累的事。

「態度傲慢、不尊重女性」、「自以為了不起」、「說話帶有性暗示」……和這樣的男性接觸，真的讓人身心俱疲。

男女交往本來就是包含「性愛」在內的親密關係，所以男性在接近女性時，存有「想要和對方上床」的心態也是正常的，應該說，完全沒有才奇怪。但是，不應該只有這樣！真心對待妳的人，除了妳的身體之外，應該更想要妳的心。

聯誼時最討厭遇到的對象

1. 對女性絲毫不尊重，對話中處處顯露出輕視的態度（老愛調侃妳的長相、身材、年紀）。
2. 抱持謎樣的自信心，認為「是我選妳，不是妳選我」，一副了不起的樣子（不知道哪來的自信）。
3. 甜言蜜語大放送，滔滔不絕稱讚妳「好可愛」、「身材好好」，毫不掩飾他的不良企圖（還會傳帶有性暗示的訊息來，讓人起雞皮疙瘩）。
4. 明明相處時感覺很好，卻突然人間蒸發，斷絕所有聯繫。
5. 上過床後突然變得很忙，聯絡變得越來越少。
6. 「妳的年薪多少？會做菜嗎？」、「婚後我希望妳和我父母親一起住」主張女方有很多該做的義務（而且完全不想隱藏這些想法）。

如果妳遇到的對象，讓妳感覺自己像在市場上被待價而沽，那就表示對方沒有將妳當成「唯一女主角」，乾脆地捨棄吧，沒有其他方法了。

戀愛就像打棒球，必須持續揮棒才有機會！

在賽局中打出全壘打的棒球選手，一定也曾經歷過揮棒落空，或是被三振出局，甚至被判死球的日子。談戀愛也一樣，剛開始常常失敗，但如果因此退下打擊區，就連成功的機會都沒有了。

另外，如果妳抱持著亂槍打鳥的心態找對象，完全不付出努力，那就跟期待歪打正著亂揮棒一樣，被三振的機率很高，當然遲遲遇不到「對的人」。在開始埋怨命運以前，我們應該先檢視可能失敗的原因，好好面對自己。

♥參加戀愛活動前，請先這樣問自己：

❶ 心態

☑我了解男人的想法嗎？

☑我是不是容易受感情擺佈？

❷ 外在

☑第一印象很重要，我的穿著打扮適當嗎？

☑會不會太過樸素或華麗？

❸ 表現

☑我可以給人帶有自信，但舉止謙虛的觀感嗎？

☑我會不會讓人感覺很隨便？

所有邂逅場合，都是女子力的修行場！

即使談戀愛讓人心累，有時候遍體鱗傷，但所有的失敗都是練習的過程，請不要因此放棄。遇到讓人反感的對象時，我會盡量摸摸鼻子笑著帶過，如果沒辦法的話，就幫自己設定一到三個月左右的「戀愛休息期」，稍微放鬆一下。當然也有突然奮發圖強，決定「今年一定要找到真愛！」而積極去認識別人的時候。試著用適合妳的作法努力看看吧！

我有一位積極參加聯誼活動，最後成功步入禮堂的朋友，她最常說的名言就是：「找結婚對象就像淘金，把不適合的男人，努力用篩網篩掉，篩呀篩呀……如果最後有剩下一粒砂金，就成功啦！」

想要獲得那一粒砂金，就得先努力將其他的砂粒排除。只要這麼一想，就算覺得累好像也能接受了（笑）。

RULE 08

成群結隊，不如一個人打獵

很多人喜歡和姊妹淘一起參加聯誼，或是有可能邂逅新對象的活動。我非常不推薦這樣做，搞不好會讓美好的機會從眼前溜走！

禁止和女性朋友結伴出席的原因

1. 女生之間嘰嘰喳喳在聊天的畫面，很難讓男生心動。
2. 一群人同時出現，無法點燃男性心中的戀愛之火。
3. 朋友們眾說紛紜的建議，可能是愛情路上的阻礙。

4 成群結隊時，在對方眼中的「獨特性」將大幅減少。

男生被女生團團圍住時會很無力

妳有過這樣的經驗嗎？很多男男女女在一起聊著天，不知不覺中，女生之間聊得越來越起勁，「就是呀！」「我懂！」「對了，聽說那個人呀……」整個對話的導向，漸漸變成女性特有的、有共鳴的話題。

請看一下這個時候男生的臉。被孤立在外，表情超難看（為他哀悼）。對於一個沒辦法在女性話題中產生共鳴的男性來說，這場對話超無奈，而且，「打不進小團體」的隔閡感也讓人沮喪。雖然不是不想談戀愛，但就是沒辦法切換到戀愛模式。「這些女孩子好麻煩呀～」、「交往之後，我們之間的事也會像這樣被拿來討論吧，好可怕！」就這樣，戀愛的心門「碰」一聲被關了起來。

還有，「妳看妳看，和他說話的機會來了♡」、「討厭啦～我會害羞♡」像這樣追得很勤，在男生周圍晃來晃去的行為，也必須禁止。

一群女生在旁邊晃來晃去，看起來一點追求的價值都沒有。反而讓人覺得「吵死了！」所以，為了避免妳的戀愛走向死路，參加任何聯誼活動時，都不應該和嘰嘰喳喳的女性同伴群聚同行。

女性同伴一起狩獵的風險比較大

遇到理想型的異性時，不論男女，都會不自覺想表現出比較吸引人的一面。

用字遣詞也會從通俗的「金欸嗎？」變成穩重的「真的嗎？」，試圖讓自己看起來更有魅力。但在這種「想要展現最好的一面」時，最常出來搗亂，企圖拆妳台的，通常都是意想不到的人——朋友。

「妳和平常的樣子也差太多了吧」、「妳不是最愛講黃色笑話嗎？說一個來聽聽看啊」像這樣把妳平常的本性毫不保留暴露出來，或是無預警在話題中提起「對了，妳前陣子約會的那個廣告公司的男生，後來怎麼樣了？」諸如此類，默默在其他男性面前扼殺妳的豔遇機會。

不僅如此，遇到對妳有好感的男性時，也是左一句右一句滅火的建議。「那個人感覺就企圖不良」、「我覺得還是放棄好了啦～」、「他的條件好像不是很好」以「為妳好」之名，想方設法阻止妳。

我還曾經遇過苦口婆心說一大堆勸阻的理由，結果其實是自己也對那個男生有好感的朋友……

邂逅的場合，是女子力的修行場，也是女性間彼此較勁的擂台。當雙方處於競爭的立場，無論平常交情多深，如果看到對方比自己更受歡迎，還是會產生複雜的敵意。

沒辦法，這就是人性。在每個人的心中，都有光明和黑暗相互交錯的時候。所以在需要彰顯自己魅力的場合，請不要和女性朋友一起結伴同行！各自分開行動才有發展的可能。獵人不會成群結隊一起行動，談戀愛也是。

一旦鎖定了想要攻陷的男性，「此時此刻」就要把「自己最好的一面」呈現出來。而且，要趁周圍還沒有其他女性發現的時候搶得先機。

我以前常常不懂，為什麼某些女生特立獨行，和其他女生格格不入，卻受到很多男生喜愛。「**又不是只有那個女孩長得漂亮，為什麼？**」、「**她和我們有哪裡不一樣嗎？**」，後來我知道了，我們完全不屬於同一個檔次，因為這些女孩，一直在私底下悄悄進行狩獵活動啊。

為了避免嘰嘰喳喳把緣分嚇跑，也為了避免女性朋友看到妳的發展後產生慌亂不安的情緒，請拿出單獨行動的勇氣。單獨行動的女性啊，光是做到這一點，就能讓男性看到妳與眾不同的魅力了。

RULE

09

藏在男性友人中的「真愛候選人」

根據統計，很多人和結婚對象是在二十五歲前後認識的。在我身旁，也的確有很多夫妻符合這項結果。

從二十幾歲開始交往，然後步入禮堂的人很多，分隔一陣子後，在三十幾歲再次重逢而結婚的也很多。遲遲遇不到好對象的妳，可不能忽視這條路！

把男性友人當戀愛對象？怎麼可能啊！

哎呀，不要這麼早下定論。你曾經參加同學會，和很久沒聯絡的男性友人再次見面後，浮現「欸？」的感覺，印象完全改觀嗎？

以前輕浮的人變得溫柔穩重。曾經個性陰沉怕生的人，現在開朗又風趣。又或者是，在班上毫不起眼的次要角色，如今事業有成，看起來非常值得依靠。

在社會的歷練下，當時被排除在戀愛對象之外的男性友人，也有可能蛻變成好男人。人生呀，充滿了不可思議（反過來說，也有本來人氣超高的帥哥長大後走鐘的情況）。沒有嘗試過就輕易斷言「不可能」，很容易錯過大好的機會哦！

不要把男性友人歸類在戀愛範圍外

1. 曾經沒有魅力的他搞不好成長為好男人了，試著去見個面吧。
2. 可以毫無掩飾地輕鬆相處，是和朋友交往的好處。
3. 為了重新發展成戀愛，要重新包裝自己。

在朋友面前，可以表現出更真實的自己

在剛認識的人面前，我們會無意識地隱藏自己的本性。

例如，像這樣子的自我介紹「初次見面，我叫神崎MERI子，29歲。啊，興趣嗎？最近放假我開始嘗試烤麵包，其他就是悠閒地度過～偶爾也會喝點小酒，放鬆一下。」

騙人！烤麵包根本只試過一次，連麵團都沒有發起來，大失敗！平常就是放假前一天大喝啤酒，然後第二天宿醉！睡到下午後一邊滑手機，一邊懶懶的度過……。

違背自己本性的詐騙式清純設定，最後很容易讓自己吃苦。

從這一點來看，如果是男性友人就沒有這個問題，「妳最近放假的時候都在做什麼？」、「啊～上禮拜在新大久保和女生朋友聚會，喝超多的啦（笑）」、「哈哈，妳還是沒變啊，說到新大久保，我知道那邊有家好吃的餐廳喔！」因為對彼

此有一定程度的了解，不需要裝模作樣，馬上就能進入自在的聊天模式。

在戀愛上也是，因為不需要先經過彼此警戒、測試的磨合期，也不用從頭開始推銷「我是這樣的女人（男人）」，所以進展得很快。

大前提，必須讓對方意識到自己的「魅力」

雖然和老朋友見面沒有偽裝的必要，但如果想要發展成戀愛關係，維持和往日一樣的形象是行不通的！必須「重新包裝自己」，讓對方察覺自己是一個好女人，開啟對方「愛情的響鈴」。

如果一直維持過往的形象，對方自然不會將妳和「異性」或「戀愛對象」劃上等號，就只是老朋友聚餐，吃個飯就結束了。但如果把握重逢的機會，展現出自己「比較有女人味」的轉變，讓印象還停留在當年的他耳目一新，心動的機率很有可能大幅提升。

聚會結束後就是這場戰局的一拍兩瞪眼。假如他沒有再約妳或跟妳連絡，可能就是對妳沒有感覺，不需要耿耿於懷，乾脆地放棄吧。每個人的喜好不同，與其一遍又一遍糾結「我是不是沒有魅力」而沮喪，不如準備好「參加下一次聯誼活動！」俗話說的好，不經一事不長一智，下一次會更好（笑）。

不過如果對方真的讓妳提不起興致，也不要勉強自己嘗試和對方相處。無端讓人誤會反而容易造成麻煩。

RULE 10

在別人沒想到的地方，才能轉角遇到愛

「如果想要增加認識男生的機會，要不要參加以興趣為主的休閒活動？」

「好啊，那我就去參加紅酒教室吧～♪」

此時，被稱為愛情教主的我就忍不住要吐槽了……想談戀愛卻老往都是女生的地方跑，怎麼遇得到對象？即使有零星幾個男生，也得先和其他女生較勁廝殺，才有機會說上幾句話！更別提時常參加這類活動的男性，很多其實都是老練的搭訕高手……

鎖定萬綠叢中一點紅！

想要增加遇到好男人的機會，請多參加一般女性不感興趣的活動，以萬綠叢中一點紅的目標混進去！

例如：

- 攝影（以自我意識高的3C系男子較多）
- 格鬥技健身房（沒有興趣學格鬥技的女生，請挑選有運動課程的地方）
- 輕鬆的運動（室內的攀岩、健走等）
- 上班族運動社團

鎖定其他女性很少參加，但妳還有點興趣的活動。現在社群網站上的社團，也時常看到專題講座的資訊，請試著鼓起勇氣去參加看看吧。就算沒有遇到適合的對象，也可以學習到新的知識，而且不喜歡的話下次不要再去就好了，沒有什麼損失。

我遇過不少參加聯誼活動，或透過交友軟體結婚的女孩。但比成功案例更多的，卻是在這些平台上「遇到只想玩玩的對象」、「被說年紀太大乏人問津」、「在裡面覺得自己條件很差」等，傷透了心的血淚史。

這是因為在以結婚為前提的場合中，男女都會以嚴格的標準來看待對方（以女性來說，最常被拿來批評的，就是外表、年紀、年薪）。

在這一點上，參加以興趣為主的活動輕鬆多了。因為參加這些活動的人，大多不是為了找對象而來的，不會拿著條件清單一項項審視妳合不合格。

而且參加這些活動還有一個最大的優勢，就是，更容易透過對話提升男人的自信心，讓他想要愛護妳，然後進一步演變成戀愛心！如果不使用這個溝通的小技巧，那涉獵男性多的活動就沒有意義了（笑）。

在男性世界中讓身價暴漲的「金句」

❶「你可以教我嗎？」
男生很喜歡教導別人時的優越感。請一邊點頭，一邊用發亮的眼神認真傾聽。

❷「你講得好詳細哦」「你知道得好多！」
用發自內心的稱讚讓男生的自信心爆棚，他們會很開心。

❸「謝謝你，我學到好多～」
通常他們會很開心，笑容滿面地說：「下次有空我再教妳吧？」

❹「你好厲害哦，什麼時候開始學的啊？」
不擅長聊天的人，非常推薦試試這句話。可以讓對方主動侃侃而談，一邊延續話題，一邊了解對方的個性和成長經歷。

以單純的心情，找出對方值得尊敬的優勢，再用這些話加強對方對妳的印象。請記得，態度不能敷衍，必須抱持認真想請教的心情，傾聽對方的回答才行。先學會這幾句簡單的對話就好，絕對可以讓男生對妳產生好感，不需要向對方「推銷自己」，也能自然縮短彼此的距離。

對話結束後，再順勢用「如果有不懂的地方還可以再請教你嗎？」，自然而然交換聯絡方式。對於不想要參加聯誼的人來說，這個方式的門檻低、壓力也比較小，非常值得嘗試。

遇到這樣的男人，請小心注意！

從第一次見面就積極縮短距離的男性，絕對是需要高度戒備的人物。

這個道理，就跟一開始在女生群體中形象完美的人，後來很常被發現是八卦的大喇叭體質，或是表面上人人好，其實和周遭都保持距離的人一樣。

舉止合宜的相處，不多說不必要的閒話，不知不覺中，周圍的男性就會出現「好想保護這個女孩！」的氛圍，漸漸變成大家心目中的理想對象。

♥參加「男多女少活動」的理由

1. 玩咖少（因為目標少，想找對象的男性不會參加）
2. 敵手少（不要去女生多的地方，那是戀愛戰場）
3. 選擇多（缺乏和女性接觸機會而單身的好男人多到爆）
4. 關注多（因為女性少，更容易被其他人看到）

CHAPTER

2

每一次約會，都是被愛的機會

LOVE

RULE 11 讓妳喜歡的人主動約妳的「放餌話術」

「我很喜歡那個人，該怎麼要他的聯絡方式？」

「我跟他連單獨見面都沒有過！」

「好希望他對我有好感，但沒有接近的機會……」

這些來自戀愛初學者的煩惱，每天都出現在我的諮詢時間中。

想要讓在意的人開口約妳，必須先鋪陳，慢慢提升自己的好感度，等兩人的距離變得親近後，再丟出讓他主動約妳的契機。

這個SOP是縮短距離最自然有效的方式。即使是在職場上認識，擔心如果開口邀約被拒絕，之後共事會很尷尬的人，也可以透過這樣的交集，不經意創造出讓對方約妳的機會！

女孩們請記得，約會盡量由男方提出邀請，這不是在拉抬身價，而是男生比較容易在「自己主導」的情況下心動，打開戀愛之心的開關。

如果已經有了在意的對象，試試看下一頁的幾個小技巧吧！以我這些年來的研究和觀察經驗，讓對方對妳產生好感、約妳出去的成功機率非常高喔。

提升好感度的小技巧

❶ 雙目對視時，「微微一笑」

遇到這樣的狀況，男性就會覺得「她對我有意思吧？」（超單純），然後被吸引過來和妳攀談。這個打地基的動作，必須先做好才行。

❷ 製造閒聊的話題

如果有機會和對方攀談，就一邊微笑一邊閒聊吧！「平常都去哪裡玩呢？」、「放假的日子喜歡做什麼？」在談話的過程中，善用充滿女性魅力的「傾聽」和「讚美」雙管齊下，不斷幫他製造說話的機會。

❸ 偷偷研究他喜歡的事

「我很愛吃拉麵」、「最近迷上釣魚！在市谷有可以釣魚的地方喔」、「我經常去三宿喝酒」請試著記住這些閒聊時提到的資訊，平時多費心留意，等到下次見面或談話就可以不經意提起：「對了，我上次去了你之前說那家的拉麵店哦！」聽到這樣的回應，男生通常會很開心，對妳的好感度立刻爆增。

❹「有推薦的地方嗎？」

針對他的休閒娛樂或興趣來提問。如果他說「啊！我知道那邊有家店不錯」，就馬上接著回應「好像很有趣！好想去看看～」。這時，如果已經成功用❶～❸加深好感的話，他很有可能這樣回答：「要一起去嗎？」如果沒有的話，就再次透過❶～❸來縮短兩人之間的距離。

記得，成為「善於傾聽」和「很會讚美」的女人，在交談中默默蒐集資料也是很重要的。先建立自己在對方眼中的好感（打好地基！），再進行下一步，沒頭沒尾突然衝過去說：「請給我你的LINE！」或是「請和我約會！」，對方一定很錯愕，如果因此產生戒備，之後就沒戲唱了。所以啊，各位女主角們，沒有做好準備就莽撞上台，是絕對不行的大忌！

來一記直球！主動邀約的小技巧

當然，也有主要邀約男性的方式。關鍵就在於——不要營造出約會的感覺！不經意地開口邀約，成功率反而越高！像是臨時起意約朋友去喝酒一樣，「下班要去喝兩杯嗎？一起去吃飯吧？」用隨興的態度邀約。

「我知道一間店有很好喝的日本酒，要去嗎？（笑）」

「我在這邊喝酒，如果你剛好在附近，要不要一起來？」（如果彼此是有話直說、常開玩笑的關係，也可以用「不要囉嗦，快點過來啦」。）

總之啊，不要抱持什麼「必死的決心」去邀約，這樣壓力太大了，讓人一點追求的動力都沒有（如果遇到比較渣的對象，還有可能被當成炮友、備胎）。

不讓對方產生防備的邀約方式

用隨興、大方的心情，假裝不經意地邀請他，即使對方說「不好意思，今天不行」，也爽朗回答「OK！」輕鬆瀟灑帶過。

同樣的道理，就算成功約到對方，兩人單獨見面的時候，也不要表現出一副「我好喜歡你！」、全身散發出粉紅泡泡的樣子。當作和朋友輕鬆相處就好，保持開朗、開心的氛圍。等見過幾次面，兩人關係比較親近後，如果覺得對方「好像也對我有意思？」、「可能可以試試看？」時，再用本書中傳授的技巧，悄悄在他的戀愛之門上用力推一把。

總之呢，最重要的是，不要想得太難！即使和想像中有點出入也沒有關係，保持著「我就是女主角」的氣度，學會臨機應變、堂堂正正接受挑戰！

RULE 12

約會服是穿給對方看的，不需要個人特色

警告！男性是靠視覺來墜入愛河的。很多女生無視這個事實，一味追求潮流趨勢或太過個性化的裝扮，初次見面時穿著誇張大寬褲、擦著霧面華麗紅唇登場……那我只能說，除非妳運氣好，剛好遇到懂得欣賞的對象，否則，戀愛運低到谷底也是正常發揮。

如果真心想成為男生眼中「想要追求」的對象，必須先學會用外在讓男性墜入愛河，在視覺上讓男性心動。

妳有過這樣的經驗嗎？明明正在跟男友約會，他卻被路上身材超好的女孩吸引，露出色瞇瞇的表情，或是在上床的時候要求妳「可以開燈嗎？」（18禁，不好

意思）。

男生的腦袋很單純，看到和自己的體型完全不同、有著凹凸曲線的身材時，大腦就會傳達出「**女人！是女人耶～**」的訊號。

每次只要我穿得比較有女人味，跟老公走在路上，他就會露出驕傲的得意表情。他們比我們想像的，更容易被視覺動搖！正因如此，在剛開始約會的時候，一舉用女人味的外表讓男性眼睛一亮，才是成為「唯一女主角」最快的捷徑！

把十足的女人味當成武器吧♪在彼此還不熟悉的時候，請盡量避開讓男生看了皺眉的NG穿著。

♥在男生眼光中的NG打扮

1. 豹紋、斑馬紋、南洋風大花等誇張的花紋（**那個花紋也太浮誇了吧！**）
2. 寬褲、工作服（**建築工地的大哥？**）
3. 肩上或袖子裝飾著皮草的衣服（**會不會掉到飯裡呀？**）
4. 大量荷葉邊的衣服（**唱遊活動？**）
5. 全蕾絲的洋裝（**奶奶家的窗簾？**）
6. 馬卡龍色（**少女氣息太高，反而讓人害怕**）
7. 找不到腰在哪裡的蓬蓬洋裝（**孕婦裝？**）
8. 緊身內搭褲（**這是潛水衣嗎……？**）
9. 橫紋（**跟我睡衣的花色一樣……**）
10. 霧面口紅或深色的口紅（**血盆大口好可怕！**）
11. 短髮（**飄逸長髮是男人的浪漫**）

女生們最愛的荷葉邊、蕾絲、馬卡龍色的夢幻打扮，從男性的角度來看，就是「**飄呀飄的好討厭，好身材都被遮住了！**」，完全沒有優點。在某種意義上，等於把女人味全部藏起來，女性魅力完全消失不見。

像這種「充滿女性氣息」的衣服，男生的接受度通常不高。但很多女生常常搞錯這點，在約會的時候穿成一個夢幻的小公主，結果對方在心裡默默打了個大問號。

男生喜歡的穿著，大多是看得出女人味的簡潔款式。一定要在上半身或下半身某處展現些許身材線條，才能讓男生的腦中發出「啊，發現漂亮女孩！」的訊號。這跟長相或身材沒有絕對關聯，而是整體散發出來的氛圍，所以，試著在約會時，按照下一頁的條件來打扮看看吧。

♥用女人味的外表讓他墜入愛河

1. 羅紋針織衫（這個沒有男人會討厭哦）
2. V領設計（隱約的鎖骨線條讓人心跳加速，但不可以露乳溝）
3. 簡單的襯衫（俐落的感覺帶來好印象）
4. 簡單的T恤（最喜歡清爽的女孩）
5. 膝蓋左右長度的緊身裙（有女人味～）
6. 膝蓋左右長度的寬裙（有若隱若現的感覺）
7. 緊身牛仔褲（背影的臀部線條真吸引人）
8. 簡單又有女人味的洋裝（忍不住想再看一眼）
9. 黑、白、駝色、深藍色等的制服風顏色（制服讓人征服欲高漲啊）
10. 藕色、珊瑚粉等光澤感口紅（讓人好想親一口！）
11. 有光澤的飄逸直髮（閃閃亮亮好想摸啊）

比「在穿著上主張自我」更重要的事

「可以用外在展現自己的個性，抓住男人心嗎？」有些人可能也會抱持著這樣的想法。

別傻了，沒有光靠外在就能搞定一切的好事。

外表只是讓男生「對你感興趣」的誘因，打造良好的「第一印象」。通常會讓人打從心底浮現「**這女生好完美**」的瞬間，要不是在工作或生活上擁有自己獨特的想法、美學或信念，就是有著與眾不同的優點，或是在談笑間展現出從容、聰明的一面。必須給人「**連內在都是好女人呀，錯過就太可惜了！**」的亮點，才能夠吸引男生進入狩獵模式。

所以說，充滿魅力的外在加上吸引男人心的內在，才是最強的組合！意外性或反差感，並不在於個性化的穿著打扮上，請用內在來展現。

珍惜自己喜好的小訣竅

其實我本身，很喜歡豹紋或蛇紋等的動物圖紋（笑）。以前我曾經在約會時穿上豹紋洋裝參戰，結果對方一邊笑著說「妳是豹女嗎？」一邊退避三舍。所以後來，我改將這些比較誇張的花紋用在包包或鞋子、手帕、手機殼等小配件上。

約會就是要展現美麗的自己，請大膽穿出女人味吧！

如果看到對方因這些小小的事情而開心的臉，就會覺得沒有必要連約會都執著於自己的喜好。穿上對方喜歡的衣服不是討好，而是表現自我魅力的方式！

RULE 13

用微笑取代聒噪，神祕感是愛情催化劑

女人的性感存在於靜默之間，喋喋不休的女人沒有性感度可言。

女性在遇到心動的對象時，基於「**一定要讓他知道我是認真的女人才行**」、「**告訴他我會煮菜是不是比較有優勢？**」、「**他可以接受我過去的戀愛經驗嗎？**」諸如此類的考量，很常在談話時把自己的資訊一股腦像雪崩般倒出來。或者太怕尷尬冷場，拼命找話題來炒熱氣氛。

但我們不能忘記了，男人最容易被女人吸引的地方之一，就是「神祕感」。必須激起他們「**想知道更多這女孩的事！**」的慾望。

男生很享受追求女性時闖關般的刺激感，每進展一步，或是獲得一項新的情報，就有種「我攻破了她的心防！我知道了這件事！」的成就感。然而，如果無視這個重要的過程，自己滔滔不絕起底「我就是這樣的女人！」，就像開始玩遊戲之前直接被暴雷結局一樣，讓人提不起興致。

這種沒有挑戰性的遊戲，激不起男性的狩獵本能。要引發男性的狩獵本能，點燃他的戀愛之心，當個「保有神祕感」的女人，才是聰明的方式。

剛認識時禁止滔滔不絕的話題

1. 朋友的傳言→「我認識一個叫A子的護士，聽說她前陣子……」
2. 家人的話題→「說到我媽，她每次都愛跑去那家餐廳吃飯～」
3. 過去的戀情→「我前男友就是渣男，你不覺得他很過分嗎？」

4 心理的創傷→「以前我遇過這樣的事～嗚嗚～」

5 日常的抱怨（在初次約會時瘋狂抱怨的女生，根本就是踩到大地雷）

請一定要有自覺，這些女性間常出現、一講就講超久的話題，在男生的眼中無聊透頂。當妳把自己所有身家背景、親朋好友赤裸裸搬上檯面之後，引發男性想要一探究竟的神祕感，就一點也不剩了。

只有在對方問妳時，才低調地反問「那……怎麼樣呢？」就好，不要一股腦把想說的、不該說的話全部說出來。請讓自己成為一個讓人想要更了解、引發男生的好奇心，從容不迫的女人。

給無法忍受不說話的人

不過，和還不熟的男生約會時，真的很怕冷場！

「啊啊怎麼辦！他一定覺得我是一個無趣的女人！」、**「現在兩邊都不說話是不是太僵了？」**驚慌失措之下，開始亂找話題，像機關槍一樣努力說話填滿靜默的空檔……我以前就是這種類型。

女孩們，「說話像機關槍」這個形容，聽起來一點都不性感吧。如果又喜歡講一些負面、抱怨、碎嘴的話題，只會讓人覺得「**這個女孩好煩，跟她在一起一定很累……**」而已。

所以，在約會中即使冷場也不要慌張，只要臉上保持淡淡的微笑，一起品嚐美食，或是隨意看看店裡的裝潢就好了（請不要低頭滑手機）。和他四目相接時就微微一笑，「這個好好吃哦」、「裝潢感覺很不錯欸，我都看到入迷了」這麼說的話，也可以帶給對方「選這裡真是選對了！」、「她好像很開心！」的感覺，心情跟著放鬆下來。

是的，不要為了填補空檔，連珠炮似地講個不停，企圖想要逗對方開心。在約會中，比起讓對方開心，更重要的是給對方「我讓這個女孩變得很開心」的充實感。尤其是常被說「不性感」、「不要講話就好」的女人，更應該特別注意！

如果約會的時候，沒有讓男生有「**和這個女孩在一起好像很幸福**」的感覺，大概也沒有第二次約會的機會了。

哇啦哇啦吵死人的女人一點都不性感，也無法讓人萌生愛意。就算對方表面上聽得很認真，也有可能一邊在內心OS：「**話還真多，要不要去檢查一下嘴巴啊。**」一邊不著痕跡地在腦海裡想著別的事。

不要說太多自己的事，用笑容，當一個善於傾聽的人吧。

RULE 14

在感情的世界裡，傾聽比顏值更重要

上一篇的焦點放在「不要說太多」，而這裡，則是要講另一個重要關鍵——「成為善於傾聽的女人」。

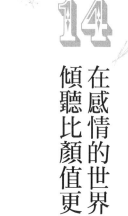

男人是種非常渴望被認真傾聽的生物。這樣的渴望甚至強烈到有人願意為此撒大把鈔票到酒店消費的程度。如果妳不瞭解男人的想法，每次見面都滔滔不絕講著自己的事，或是在對方說話時不停插嘴、中斷對方的話題，這樣是絕對無法擄獲男人心的！

傾聽這件事，比我們想的更加重要。如果「抗老、變漂亮」和「成為善於傾聽的人」兩件事擺在一起，絕對是懂得傾聽更重要。善於傾聽的女人，即使年齡增長，也能夠持續抓住男人的心。如果不學會這件事，就無法成為長久被愛的女人，請絕對要學起來！

受歡迎的女孩，最常在對話中自然地運用上這幾句台詞：

・「真不愧是你！」
・「我以前都不知道耶」
・「好厲害～」
・「好有品味哦」
・「哦～原來如此！」

這幾句話堪稱是「讓男性自尊心大幅提升的五大回應」，和男生聊天時妥善運用，「好感度激增」的效果超群！不過這些台詞對個性爽朗或大姊型的女生來說，可能會覺得太過矯情或裝可愛，根本說不出口（這種心情我了解）。

但是！只要稍稍改變語氣，其實也可以達到相同的效果。

♥善於傾聽的女人常說的話

・「果然問你就會知道了」、「真不愧是〇〇〇」
・「哦，我以前都不知道」、「你知道得好多」
・「你做得很好欸」、「滿厲害的啊！」
・「沒想到你品味這麼好」、「你對這個好有概念」
・「原來是這樣啊」

選擇適合自己的語氣就可以了，將這些話帶入對話中使用。

可愛型的女孩可以一邊用水汪汪的眼睛看著對方，一邊用「我好尊敬你」般的氛圍來對話，而爽朗型的女孩，則是散發出「你比我想的還可靠，真是讓我佩服」一般率性的氛圍更適合。

溫柔的女人讓人窩心，率性的女人則讓人難忘。不管哪一種，只要懂得「尊重男生的自尊」，都可以成功擄獲男人心。所以，不需要勉強自己用娃娃音裝可愛，或是表現得像女主播一樣端莊溫柔，學會用平常的自己展現女人味，反而更能提高「找到好男人」的機率。而且啊，這樣比較不會那麼累（笑）。

男生雖然對喋喋不休說著「自己的事」的女人很感冒，但是對於有自己想法的女生，反而會覺得她很有內涵，讓人尊敬。當對方問妳意見的時候，不要支支吾吾或是老說沒有想法，請明確說出「我是這樣想的」，清楚傳達自己意見吧！

表達意見的時候，請記得即使意見相左，也不要說破，用從容不迫的態度回應「你的想法也很好，如果是我的話……」。

只要精通這些話術，不管是誰都能輕鬆和男性侃侃而談。不要一想到要和男生攀談，就覺得自己「辦不到！」「一定會搞砸」。鼓起勇氣嘗試看看吧，其實比想像中輕鬆得多。

RULE 15

約會是試鏡演出，每個動作都要精心設計

女性一旦墜入愛河，就會把對方放在比自己高的地位上。

「他這麼受歡迎的人，會喜歡像我這樣的人嗎……？長得沒有特別可愛，身材又不怎麼樣……」我遇過許多女孩，老是覺得自己條件不好、看不起自己，但卻毫無根據地覺得對方閃閃發亮、耀眼極了，覺得自己配不上對方。

再說一次，這種「像我這樣的人的病」，一點道理都沒有！請立刻停止！

在男生的眼中，越是與眾不同、有價值的東西，就越想弄到手。網路遊戲裡的虛寶或是蒐藏品也是這樣，越稀有越珍貴。

也就是說，如果妳以「像我這樣的人」看輕自己，將自己洗腦成這樣的女人，又怎麼可能滿足對方「想和特別的女人談戀愛」的心情？想像一下，如果和一個人約會時，沒有讓人眼睛一亮的新鮮感，也沒有相處自在的舒適感，整場飯局對方一直唯唯諾諾……那當然，不論是誰都會覺得一點意思也沒有。

這也是為什麼，有時候和「自己主動追求的人」談戀愛更不順利的原因。因為女生很容易被「喜歡」的情緒弄得暈頭轉向、意亂情迷，甚至失去正常說話、思考的能力。這樣的行為在男性眼中看來，完全沒有魅力。

想要成為喜歡的人的女朋友，不抬頭挺胸是不行的！

妳不想成為陌生人的「女主角」吧？想成為喜歡的人的「女主角」吧？如果是的話，別囉嗦，快照我說的做做看！（加油）

在喜歡的人面前會不自覺做出怪異的舉動，這點，我們大家都一樣。但為了讓夢想中的戀愛得到美好的成果，我們應該要努力克服緊張、抬頭挺胸！

19點25分。抵達約好的店門口。在車站的洗手間已經仔細檢查過妝容！口紅補好了，牙齒上也沒有沾到海苔粉！

呼，期待已久的星期五……。在這扇門的另一邊，他就在那裡。

心跳好快，手也流汗了！我的穿著會不會很奇怪？會不會打扮得太超過？好想知道可以讓心情平靜下來，消除緊張的方式！

接下來我要教大家的，就是「消除緊張、變得客觀」的方法。這是我一個業務朋友教我的，也曾經在網路上成為一個熱門話題。方法很簡單，就是一邊在心裡默唸「小劇場要開演了！」，一邊面對挑戰。這是一個小小的催眠，說服自己將眼前的情況當成一齣戲來參與，這麼一來，本來很擔心不能好好表現的事情，也會因為覺得「這是在演戲」，而消除緊張，可以用比較客觀的角度來看待。

如果滿腦子光顧著想「**像我這樣的人……**」，沒有心思注意到旁邊的事，就很難做出適當的臨場反應。

什麼樣的話題，他會覺得有趣？
什麼樣的動作，他可能會「心跳加速」？
客觀的觀察是必要的。才能在應該推他一把的時候，用力推他一下。

舉例來說，如果發現對方想要得到稱讚，把握住「就是現在！」的時機，立刻說「你真的很厲害欸！」像這樣子悄悄推一下！

相反的，如果是他沒什麼自信的地方，就說「但反過來說，就是因為這樣，你才可以比別人更謹慎啊，我覺得很棒！」再推一下！

這些在對方的心門上推波助瀾的技巧，不先冷靜下來是沒有辦法派上用場的。在稱讚對方的時候看起來又緊張又僵硬，看起來就很像硬要說好話，或是試圖討好巴結的女人罷了。

展開一場成功的約會吧！

來做個總結。女孩們，為了讓自己感覺更有魅力，請不要把話題都圍繞在「自己」身上，當個「不說太多話、懂得傾聽」的女人，才能滿足男人想被肯定的慾望。約會時盡可能保持冷靜、客觀的態度，在該推一把的時候，就用力出擊！可以增加動搖男人心機會的小技巧，一個都不要錯過。啊，還有，也不要忘了利用視覺來抓住男人心！讓最愛的他，對妳的好感度節節攀升！

CHAPTER

3

讓他對妳心動，告別單戀

LOVE

RULE 16

向魔性女子學習「加速心跳」的撩心金句

「為什麼那個女生這麼受男生歡迎……真是個謎！」

妳身邊有這樣的魔性女子嗎？明明看不出特別的魅力之處，男人緣卻好到不行，在她們的人生中，大概從來不知道單戀為何物。

這些讓人看不懂的魔性女子，其實都是愛情中的佼佼手。當其他同性還在渾渾噩噩的空檔，她們默默大展身手，使用不知不覺間攻破男人心的「魔性台詞」，用力推開了對方的戀愛之門！

男生很容易沉迷於預料之外的戲劇性超展開。想要推開他的戀愛之門，比起直接了當的直球告白，不如想辦法製造讓他心跳加快的瞬間。懂得操控男人心的魔性女子最擅長的，就是突如其來用話語「撩」一下對方後，又快速拉開距離。這種讓男生摸不著頭緒，不斷問自己「欸？她不是愛上我了嗎？沒有嗎？」的錯亂，反而更容易被解讀成「**我也許喜歡她！**」的心動感（這就是戀愛的開始呀）。

試著向這些不知單戀為何物的女人學習「魔性台詞」吧！適當的衝擊會帶來甜蜜的回饋。什麼都不做，最後就是眼睜睜看著喜歡的人被其他的女人搶走……

如果不想一輩子「無法和喜歡的人交往」，就鼓起勇氣改變吧！

魔性女子的魔性台詞

❶「帥」是不敗的經典迷湯

在談話間不經意說出「咦？你是不是變帥了？」、「總是這麼嚴謹，好帥哦」等話語，男性對「帥」這個字沒有抵抗力。

②

「你如果是男朋友的話，好像很可靠欸」

和他商量或討論事情的時候，最後來一句這個台詞結尾。搞不好在這之前一直沒把妳當女人看待的他，會開始在意起妳的事喔。

③

「笨蛋……♡」

當他得意忘形地調侃妳時，不要當真，噗哧一笑回一句「笨蛋♡」、「又來了，好好笑哦！真是白癡欸～」這樣男生會覺得妳從容大方而心跳加速（還可以一邊笑一邊輕拍他的手臂）。

④

「男朋友？沒有呀～怎麼了？（瞄他一眼）」

在做瞄一眼的動作時，臉不動眼睛往上看著他，試著很可愛地盯著他看吧（因人而異，有的人看起來是性感派）。

⑤

「有那個意思也沒關係」

以前看過某個搞笑藝人對女演員說：「我說這句話沒有什麼很深的含意……給妳我家的備份鑰匙好嗎？」的時候，對方回答「有很深的含意也沒關係哦」。如果男生不小心說出曖昧的話，慌張解釋「對不起，我沒有奇怪的意思……」之類的話時，就這樣回他吧。

6 「討厭啦♡」

「妳喜歡我嗎？」當對方說出這種大言不慚的發言時，笑著說反話回答他「討厭啦」，可以的話，先輕輕碰一下他的手臂。嘴巴上說討厭，但妳行為舉止中的「**她絕對不是真的討厭我**」，卻讓他心跳不已。

在約會時這些小心機的舉動，比明講「喜歡」這句話更能撩到對方，給對方充滿機會的希望。約會結束後，「**她絕～對愛上我了！**」的念頭也會在他心中揮之不去，覺得兩個人之間一定有戲可唱。

這時候，重點來了。想要讓單戀不再是單戀，靠的不是猛烈往前進攻，而是在前進一步後，再悄悄後退一步。施展欲擒故縱的本事讓對方按耐不住，反而更能點燃他的戀愛之心。

♥用欲擒故縱，成為不知單戀為何物的魔性女子

約會結束後收到對方的LINE，當天不要讀，先忽略他吧，至少要等到第二天中午以後才可以回訊息！

在這個階段中，和對方保持若即若離的距離感很重要。如果對方一LINE妳，妳就秒回：「我今天也好開心♡」、「下次再約♡」，妳就靠得太近了。必須把持住自己，忽略他一段時間，讓他陷入「**欸~她今天明明對我有好感？為什麼？我做了什麼？**」的迷惘中，然後不斷回想和妳共度的開心時光，接著決定「**我要再見她一面，確認她對我有好感！**」

見面時用「魔性的台詞」出擊，沒有見面時果斷給他反差感！男人遇到擅長掌握「進」和「退」的女人時，很容易被「讓人無法征服」的神祕感強烈吸引。

RULE 17

在看似不經意的舉動中，散發出若隱若現的女性魅力

「魔性台詞對我來說，難度太高了……」不擅長說話的女孩，請放心！就算沒有辦法把魔性台詞說出口，也可以透過「魔性舉動」來擄獲男人心！

在舉手投足間散發魅力的魔性舉動

1 早一步抵達約好的地方，當對方走過來時，看著他微笑

約會不是用來滑手機的！遲到更是大忌！這個瞬間的笑容，可是讓戀愛之門敞開的大好機會，千萬不能錯過。

❷ 目不轉睛注視2秒後，把視線移開

嘴角保持輕輕的微笑，男生看到妳的表情時，會不自覺出現「**她該不會愛上我了吧？**」的錯覺。

❸ 小酌時「我好像有一點醉了」的必殺技

太過積極的肌膚接觸，容易給人隨便、不檢點的印象，請不要這樣！但是微醺之下，可以試著有一點點（不要太多！）的肌膚接觸。聽好了哦，這個小心機很靠演技，不可以真的醉到失態，即使妳酒量很好，也要表現出自然微茫的模樣。

❹ 帶著笑容嘆一口氣

聊天聊得正開心時，帶著笑容輕嘆一口氣，露出幸福的表情，這個看似無意間的小舉動，可以讓他萌生「**我讓這個女孩感到幸福了？**」的錯覺與滿足感。

5 許願＋些微肌膚接觸

點餐的時候，對他說「我想喝這個，幫我點一下？」不經意用手或腳輕輕觸碰他。

6 約會後要道別時，目不轉睛看著他

「親一下可以嗎？親一下可以吧」他會這樣心跳加速（女孩們請注意！即使接吻，也不可以有18禁行為）。

簡單來說，就是要比平常的妳更有女人味。沒有必要把自己的個性完全抹滅掉，只要重點式使用「魔性舉動」，就能夠讓女人味若隱若現。記得，不先讓他有「哦？原來她很有魅力……」的感覺，單戀是無法開花結果的！還有還有，不要忘記「有進有退」，搭配前面說過的「用欲擒故縱，成為不知單戀為何物的魔性女子」的方式一起實行。

使用這些「魔性女子」的招式時，不要太過刻意，重點是要讓他們注意到妳隱隱約約的女人味！這樣就可以了。為了他顯露出女人味的姿態，在男性的眼中看起來很可愛……♡

順帶一提，這也是在前面的章節中曾說過「禁止和女性朋友結伴出席」的原因之一。要在女性朋友面前演戲、表現出「魔性女子力」，很丟臉、很難為情吧？最後大概連一句話都不好意思說出來。所以，為了能在不害羞的情況下去實踐，請單獨和對方見面。

RULE 18

面對「只把妳當朋友」的他，只能靠「新鮮感」扳回一城

來向我尋求諮詢的案例中，有很多長期單戀男生朋友的女性。

「因為已經認識很久了，如果現在才突然展現女人味的一面給他看，感覺很難為情（哭）。他從來沒有把我當成戀愛對象，每次都跟我分享他最近感興趣的對象，或是『我在交友軟體上約到一個女孩，我們這個禮拜要見面～』這些我不想知道的事，好痛苦！請幫幫我！（來自東京都的24歲女子）」

這種苦悶感我了解，但是……想和男性朋友發展成戀愛關係，不給予對方新鮮感是不行的（重要！）。如果妳還在顧慮這個顧慮那個，不久的將來，將會發生這樣的事（以下是想像情境）。

一直不斷聽到他和別的女孩搞曖昧、上床的消息，結果在某次朋友聚會上，「這是我女朋友」、「初次見面～」就這樣，突然帶了女朋友來，我無言了……從沒見過他這種痴迷的表情。然後，很快地，他訂婚了……

在婚禮上看著他們兩人邂逅的影片，心情好複雜……「明明在妳遇到他之前，我就已經喜歡上他了！」一邊在心裡哭喊，一邊笑著和同桌的人聊天，敬酒時他向妳說：「妳也快點找到幸福哦（笑）」

閉嘴！笨蛋！被朋友灌著酒，笑得超開心，遠遠看著穿著禮服的他們。啊～他太太的樣子，看起來好耀眼……早知道隨便找個理由不要來就好了。

現在想起來，以前單獨出去玩時因為害怕關係破裂什麼都不敢做，真想讓時間倒轉回那個時候……

如果不想走到這個局面，要不要鼓起勇氣突破現況呢？還是，妳決定什麼都不做，癡癡看著他和別的女生幸福在一起？

想要讓戀愛開花結果的妳，請實踐以下五個法則！

首先必須要知道的一點就是，不管什麼樣的男性，本能上都喜歡新的東西。相較於一個以十年知心好友的身份、常常玩在一起的美女，男生對「初次見面」的普通女孩，反而更容易心動。

妳是否看過在朋友聚會時來了一個新的女孩子，結果男生們變得興奮不已的場景呢？就是這麼一回事。因此，想要和認識很久的男生在一起，保持一直以來的樣貌對妳很不利，請記住，一定要脫胎換骨！

讓對方耳目一新的方法

❶ 暫停參加聚會

特別是常常碰面的好朋友，更應該暫時不要碰面！這是為了幫自己提升新鮮感的事前準備。

❷ 改變外在形象

試著在服裝或髮型上改變成男生喜歡的樣子。男性是從視覺開始墜入愛河的生物，所以外在的轉變，是最容易產生直接功效的方式。

❸ 行為舉止要按照「約會法則」來進行

在認識越久的人面前，越容易沒有形象。不是一天到晚抱怨東抱怨西，就是坐姿隨便，或是張大嘴巴哈哈大笑，完全沒有女人味。請將自己的心態轉換成「和剛認識的理想男性碰面」的心情，即使沒辦法完美做到，也可以一步一步試著改變。

❹ 試著講讚美的話

外在和舉止改變了之後，如果對方用「妳怎麼變得不一樣了?是不是談戀愛啦?（笑）」的方式揶揄妳，試著爽朗大方回答：「謝謝（笑），好久不見啦，你也變得比以前更有男人味了」。

❺ 實踐魔性的台詞和舉動（第109頁、第113頁）

利用外表和行為表現出新鮮感之後，請試試看加入一些「魔性女子的台詞和舉動」吧！讓他有「**真糟糕……她最近看起來好像很可愛**」的感覺，開始把妳當成「有可能發展的女性」吧。

和男性友人的發展，絕對急不得！一邊用❶～❹慢慢觀察狀況，一邊讓他隱約感受到妳的女性魅力，最後，才能以大膽的❺出擊，這，就是和男性友人進展成戀愛關係的「追愛SOP」！

即使他開始積極進攻，也不要著急，不要慌張，保持自己的節奏。帶著笑容告訴他：「我很珍惜我們的關係，所以希望可以慢慢發展」，這時候最好可以一邊輕輕握住他的手，讓他更加心癢難耐！順利的話，有可能一口氣快速進展到婚姻階段哦（笑）。

RULE 19

和風雲人物交往，請先強制安裝「女主角心態」

如果妳想要交往的對象很搶手，例如備受矚目的名人，或是頗有成就的事業家。那麼，妳要做的第一件事，絕對是先矯正自己「低人一等」的心態！

不要以為這些是天方夜譚，我自己就收過很多匿名帳號的私訊，告訴我她認識了崇拜很久的知名人物，原本有機會（或已經）交往，結果卻弄得兩敗俱傷、無疾而終。也聽過有人早上起來打開電視，螢幕上出現應該是「男朋友」的人，正幸福洋溢地向記者們宣告，他即將和某知名女藝人結婚的事……

「因為他是藝人呀。拍戲或錄影之類的工作很忙，偶爾聯絡不到也沒辦法。」因為不了解業界的情形，交往過程中不論對方說什麼都不疑有他，最後，就是被如此對待……

這些光芒萬丈的人，光是站在路邊呼吸而已，就可以吸引到很多「**啊～和我玩玩也可以！只和我上床也沒關係！**」的女孩子蜂擁而至，擁有超乎想像的超高人氣。我們這些一般人想要空手一決勝負，是不可能獲勝的！

不管是事業有成的人、擁有名聲的人，還是在我們身邊仰慕已久的人，都是一樣的。面對這些閃閃發光的人物、擠破頭的競爭者，我們在這樣的戀愛戰國中，該做出什麼行動才能提高勝率？

想和風雲人物交往的必備須知

❶ 不要覺得自己低人一等

和老婆感情融洽的名人描述妻子時，幾乎都口徑一致地說：「我太太是唯一不會討好我的女人」。由此可見，就算對方是家家戶戶都認識的超級大明星，也不能抱持著「**我比他低一等……**」的想法。

❷ 絕口不提「你是○○先生吧？」

這些名人不管去到哪裡都會被問「你是○○先生吧？」聽到煩都煩死了。所以，表現得像是不認識他一樣，自然的行為舉止反而更好。

❸ 不要興奮表態：「我是你的粉絲！」

說出這句話的瞬間，妳和他的關係就停滯了！妳在他心中立刻被套上「粉絲」的框架，你們之間不會有「名人和粉絲」以外的發展。

❹ 不要百般討好、卑躬屈膝

「請和我握手」、「請告訴我聯絡方式」、「請和我去玩」。不只是名人，男生只要被這樣問，想追求對方的心情就會灰飛湮滅。

❺ 不要一看到對方就感動落淚

粉絲看到偶像感動落淚很正常。但是，如果想進一步發展的話，最好不要。正因為是被人百般奉承的名人，所以更渴望具有追求價值的女性哦。

男性是相當直率的生物，在某種意義上，非常容易受到環境影響。如果妳不斷降低自己的姿態，甚至不惜以「**拜託，請和我做愛！**」自動獻身，把對方捧得高高在上，他們就會變成輕浮愛玩的「渣男」，覺得「女人都很隨便又笨……」。

老是反覆遇到渣男的人，有時候也要檢討一下自己是否總在愛情裡任由對方予取予求，結果自己遍體鱗傷，還在不知不覺中成為「渣男製造機」。

如果沒辦法保有「別把我跟那些隨便的女人相提並論！」的強勢態度，就別奢望能在那些閃亮人物的心中成為「唯一女主角」。明明連讓對方幸福的本錢都沒有，還想要進一步發展，簡直是自不量力。輕易投懷送抱、對他們言聽計從的女人，有數以千人還在妳前面排著隊呢。

所以啊，不要輸給仰慕的心情，必須抬頭挺胸，努力鞭策自己，只有這樣的女性，才能在戀愛戰國上拔得頭籌！

之前在日本演藝圈投下震撼彈，「交往0日就結婚」而且立即引退的知名女演員，聽說也是對方花了好幾年的時間，一點一滴、不放棄地追求才成功的。

愛上受歡迎男性的妳，也是一樣的。不是偶爾會有這種情況嗎？明明是受到眾人簇擁的人物，最後卻跌破眼鏡和看似不起眼的人在一起。說白了，旁觀者的確會有種「**欸？為什麼最後是和那個女的結婚？再怎麼樣也太隨便了吧？**」的感覺。更不可思議的是，男生看起來還一臉沉迷、完全墜入愛河的樣子。

每當發生這種事情時，街頭巷尾就會開始議論紛紛。「欸～怎麼回事呀？是很會做菜嗎？」「不是吧，一定是床上功夫很好啦！」「不曉得用了什麼手段！」「還是她父母超有錢？家境很好吧？」（有夠失禮的……）。

說閒話的人，和被說閒話的人的差距，就在這裡了。當這些女生遇到決定要「攻陷」的男性時，越會表現出抬頭挺胸、堂堂正正的姿態展開攻勢。不要成為只會眼紅而酸言酸語的配角，我們應該在內心強制安裝屬於這樣的「女主角」心態才對。

CHAPTER

4

遠離渣男，
找回幸福的可能

LOVE

RULE 20

追愛就像淘金，先把「渣男」過濾乾淨

「只要按照這些方式做，他是不是就會愛上我了？」想要不管什麼男生都把妳當成「唯一女主角」來愛嗎？我必須殘酷地告訴妳，不可能。

只想玩玩的「渣男」，永遠都是這副德行。不管妳再怎麼想方設法升級自己，如果分辨不出一開始就動機不純的渣男、沒辦法發現苗頭不對趕快轉身，不管世界如何轉變，妳一樣會陷入苦戀中無法自拔。

想要找尋真愛的女孩們，聽好了，這世界上值得依靠的好男人很多，但只會讓妳痛苦流淚的渣男也是不計其數。為了避免往後深陷其中不可自拔，最好在開始交往前就先仔細觀察對方。我整理了幾點可以當作參考依據的「交往前的渣男過濾守則」，張大眼睛挑選對象，才能為戀愛路設下好的起跑點。

交往前的渣男過濾守則

❶ 明明約好了，卻不斷變更行程

好不容易約到想認真追求的對象，不論男女，絕對都是滿懷期待，趕緊把最近有空的時間都列出來，優先以對方為第一順位吧！所以，如果對方三番兩次更改行程，或是明明自己決定的日期卻爽約，那很明顯，就是妳對他並不重要。

❷ 完全不重視時間，老是姍姍來遲

這裡說的不是晚到5～10分鐘，而是到了當天，才以睡過頭之類的傻眼理由大肆遲到的誇張行徑。如果還沒交往就這麼隨興，表示妳對他來說不是值得重視的對象。

❸ 動不動就開黃腔，令人反感的言論

「欸～妳沒有男朋友呀？這麼說起來，妳不就很久沒那個了？」等等，不管具體談話內容是什麼，會在交往前不斷說些帶有性暗示，或是身體相關話題的男生，百分之百都是以玩樂為目的，直接捨棄吧。

❹ 很喜歡約在離他家近的地點

不會錯，如果明明對妳來說很不順，卻硬要約在離他家很近的地方，那他一定有在約會後「把妳帶回家」的意圖。約會地點請以妳方便、安全的地方為主。

❺ 言談間常常有意無意碰觸妳

很喜歡勾肩搭背，或是在說話時摸摸妳的大腿，這種動不動毛手毛腳，絲毫不掩飾精蟲上身的人，絕對要格外小心。如果是想要認真對待的人，不要說亂摸了，小心呵護的程度，就連無意間的觸碰也會盡量避免（到處幫人看手相的男生，很多也只是想要摸女生的手而已）。

❻ 老是灌迷湯說好聽話，感覺很不真誠

「妳好美哦」、「妳真的是我喜歡的類型」像這樣開口閉口大力讚美妳，過分親暱到有點詭異，感覺不到誠意的人，也是需要多留意的類型。這種類型的人也很常有❺的身體觸碰傾向。

❼ 表面上很溫柔，卻隱約覺得不對勁

明明是溫柔體貼的人，但不知道為什麼，「那個人很奇怪」的感覺就是揮之不去。有時候不要鐵齒，女人的第六感真的很靈，忽略這種「異樣感」的後果，往往就是發現對方已經有女朋友或是老婆了。

❽ 一開始就強烈表態「不想結婚！」

「大家為什麼要結婚呢？」、「我對結婚一點興趣都沒有」，明明沒人問他，卻自顧自發表反對婚姻的言論。這種男人的動機通常不純，前面說了這麼多，其實意思就是「**我接下來可能會追妳，但是沒有和妳結婚的打算**」。

⑨愛說教，對妳的一切品頭論足

「我跟妳說，妳這樣子不行啦！」喜歡像這樣擺出高姿態對妳說教的男性，有很高的機率是精神暴力男，如果跟他發展下去，簡直就是搬一個牢籠把自己困住。快逃吧！

⑩對待店員的態度很傲慢

這種類型的人，也容易有精神暴力的傾向。平常約會的時候，多觀察對方待人的態度，尤其是常去光顧的店家，注意他是否因為一些小事無理取鬧、挑剔，或是看不起店員，擺出一副「我是貴客」的嘴臉。

⑪超小氣，每次出門的花費都很計較

在追求階段就只想要AA制，不管什麼費用都堅持各付各的，這種男生也要多考慮一下！如果把妳當成「唯一女主角」來看的人，才不會斤斤計較這些小錢，就算要省下一餐的費用，也會預先把約會的費用準備好。

⑫很愛把前女友的話題搬出來講

「妳聽我說嘛～我以前的女朋友啊……」如果這個男的一直跟妳分享前女友的事，表示他根本對之前的事還難以忘懷嘛。等妳們真的交往之後，他大概也會不斷拿妳跟那個過去式的女子做比較。

⑬訊息愛回不回，常常找不到人

如果連交往都還沒開始，就已經常常失去聯絡，即使妳主動傳了訊息也石沉大海。那麼，他大概只是想玩玩而已吧，妳可能只被他當成打發時間用的備胎。

女孩們，不要一約會就飄飄然被迷昏了頭，冷靜下來，保持客觀的角度觀察，渣男們的言行舉止之間常常藏著許多「破綻」，一旦識破這些蛛絲馬跡，請斷然轉身離開。

只要可以在一頭栽進去前察覺異樣，那麼，上過床後對方就失聯、交往半年後發現他是精神暴力男等情況，都不會發生。

「一定是我想太多了！他是好男人，雖然他說不想結婚，但以後想法可能會改變！」不要盲目鬼遮眼了，把眼睛放亮一點，到底是不是「渣男」，交往前就要先仔細觀察判斷！如果發現對方很可疑，就算死心很痛苦也要忍耐，過一年之後，妳一定會感謝自己當初下的決定，坦然在朋友聚會時大聊「還好我清醒得快，那個人根本就是只想做愛的渣男」的話題。

這麼說好了，如果一個男生把妳視為「唯一女主角」，妳根本不需要特地挖掘他的優點，他自己就會全力把最好的一面呈現在妳面前，努力發揮紳士精神，就算平常不擅長和女生相處，也會以他特有的方式試圖改變。看到那樣拼命的表現，儘管有些笨拙，但不是更能感受到他的坦承和用心嗎？（如果遇到不開竅的地方，也可以溫柔提醒他：「在餐廳裡，我喜歡坐在沙發座位那一側～」）。

不管對妳再怎麼百依百順，或是很會講讓人心花怒放的輕柔耳語，甚至是買高貴的柏金包送妳，只要不是打從心底鍾情於妳的男生，說穿了就是不適合，甚至有很高的機率是「渣男」。

遇到不對的人不但是種折磨，如果對方明顯是個渣男，最後的結果就是妳自己痛苦萬分，對方拍拍屁股走人。所以，請在一頭栽進去以前，果斷放棄吧！

RULE 21

遲遲不交往的真相，只有「他不夠愛妳」

男生的佔有慾比女生強烈得多。一旦遇到不想放手的「唯一女主角」，不但告白衝得飛快，還有可能越級跳到求婚階段。這是因為男性的狩獵本能已經被全速啟動，急著「就算早一秒也好，一定要快點獨占她」。

在他的眼中，妳就是耀眼的女主角，很可能下一秒就被其他人搶走，所以，根本不可能拖拖拉拉（見三次面就告白的更是大有人在）。

很多女孩嘗試過我在部落格或書上寫到的建議後，會向我分享她們的「使用心得」。每個成功找到把自己當「唯一女主角」的對象的人，都不約而同說出一樣的話：

「真的很不可思議，跟他在一起完全沒有不安感！而且他還以結婚為前提跟我交往。」

「我跟前男友很難見到面，只能枯等對方聯絡，談戀愛談得好鬱悶。但現在這個把我當『唯一女主角』對待的他，卻完全沒有這種情形，讓我好驚訝。他都會主動聯絡我，也常常跟我說『好想見妳』，太感動了！」

「原來遇到值得信賴的人，就不會想著要束縛對方！和前男友交往的時候，我一天到晚在社群軟體上監視他的行蹤，現在想起來真是拚命啊（笑）。」

不對盤的戀愛讓人焦慮，不安到讓人不可思議。但是，如果和把自己當「唯一女主角」對待的人在一起，卻能每天都過著閃閃發光、開心的日子。

遇到命定的對象時，想要早點獨佔對方的心情，不論男女都是一樣的，更何況是佔有慾高的男性。所以啊，遲遲不提交往的約會對象，八成有問題。或許，打從一開始就沒想要和妳交往，如果沒有在陷入愛情泥沼前醒來，絕對會對妳造成無比的傷害。

明明不打算交往，卻以「想和妳做愛」、「只想當炮友」的齷齪想法靠近妳，等妳死心踏地把身體交給他後，某一天突然音訊全無，好不容易聯絡上，他卻一臉困惑：「欸？我們有交往嗎……？」像這樣被當白痴耍的悔恨回憶，我也有過！被「渣男」當備胎，真是令人難忘的屈辱。

為了避免再有這種悔恨的回憶，希望大家學會看清對方來意，「**我相信他和其他的男生不一樣！**」這種朦騙自己的想法，也要全部抹滅。

聽到男生這麼講，不覺得很曖昧嗎？

在男生的眼中，所謂的備胎就是「**可以做愛很方便，但不想交往，只想維持現狀**」。抱持這樣心態的男生，常常用以下的言語來推卸責任，合理化自己不想交往的原因。如果妳的對象常常說這些話來搪塞妳，請一定要提高警覺！

把別人當備胎時的常見台詞

① 「我忘不掉前女友」

男生如果遇到心目中的「唯一女主角」，不要說前女友的身影了，根本連臉都想不起來。如果他口口聲聲放不下前女友，那只是不想和妳交往的藉口罷了。

② 「工作很忙，沒時間談戀愛」

只要是認真工作的社會人士，基本上沒有不忙的。所以說，「我想要把重心放在工作上，平常很忙，沒辦法交女朋友」之類的話，講白一點就是不想和「妳」交往，沒有其他意思。

3「我希望在下一段關係步入婚姻，所以要慎重考慮」

就像前面說過的，男生遇到「唯一女主角」的時候，根本巴不得秒速告白，甚至連求婚都有可能。這種模稜兩可的話術背後，意思就是**「哎呀~雖然不是條件很差的女孩，但也沒有非她不可」**，我們也沒有非他不可，放生他吧。

4「我有心理創傷」

父母失和、被毀婚、前女友劈腿……說了各種悲慘的際遇，全都是藉口。男生的思維很簡單，只要在「唯一女主角」的面前，什麼心理創傷都會自動消失啦。

5「有必要這麼在乎形式嗎？」

「交往只是個形式而已，人不是靠形式，而是用心來維繫的呀！」明明胡說八道還義正嚴詞，其實就是不想和妳交往而已！嘴巴上說重視心不重視形式，其實同時和超多女人在一起。

6「太喜歡妳了」

「你想和我交往嗎？」當女生都已經攤牌了，他還在說「我太喜歡妳了，喜歡到讓我好不安。」用這種匪夷所思的甜言蜜語來唬弄妳。沒誠意！

如果你遇到嘴裡吐出這些話，遲遲不和妳交往的男生，醒醒吧！妳被當成備胎的可能性很大。不要聽他硬拗解釋，或是盲目沉溺在愛情中，請看清現實。

想要知道對方有沒有和妳交往的意思，有更快速確認的方法。

約會過幾次後，他一定會想親吻妳吧。這個時候，請用「這種事我不和男朋友以外的人做，所以……」來拒絕他吧。如果他覺得妳是「唯一女主角」的話，不可能不向妳告白的。

如果是外國的男生，他們不會提出「請和我交往」的要求，而是用「我愛妳」

來表示「我對妳是認真的」。和我們想像的不一樣，示愛的意義更為重要。在西方國家的愛情劇中，的確也都是以「我愛妳」來進入劇情的高潮片段。

不過這不是百分百的判斷依據，一心想做愛的渣男中，可以毫不在意說出想和妳交往、愛妳的男生也不在少數。必須把眼睛睜得更亮才行！對方有把妳當成「唯一女主角」嗎？他是不是「渣男」呢？之後我會再介紹更多辨識的方法。

順便一提，對於沒有意思和妳交往的「渣男」，主動斷掉聯繫，把他的LINE封鎖，在痛快大罵「你當我是這麼隨便的女人嗎！」之後，徹底死心吧！

不要再跟對方有任何牽扯。猶豫不決、藕斷絲連的關係，只會被對方當成不屑一顧的垃圾對待。請時時刻刻保有身為女主角的尊嚴，不懂得珍惜妳的男生，不需要對他們有任何期待，也不用維持表面上的良好關係。懂得過濾「渣男」、果斷死心，也是身為「唯一女主角」必須擁有的氣魄之一。

RULE 22

被告白起三個月，禁止發生親密關係

大家注意，這點非常重要，那就是，被告白後三個月，禁止做愛！

當對方提出「請和我交往吧」的要求起三個月，絕對不可以做愛，必須先慢慢花時間加深彼此的關係！（說起來，還沒交往時，本來就不可以做愛）

我並沒有什麼「女人應該要冰清玉潔！」、「還沒結婚不能發生關係！」的想法。我會這樣說的原因，是為了讓女性的本能踩剎車。

如果妳在他還沒把妳當「唯一女主角」時就做了愛，隨著上床次數越來越多，妳對他的情感快速膨脹起來，但他，卻只有想做愛時才和妳聯絡……

明明對方是「渣男」，妳心裡也有一點底，但依然無可救藥盼望著「萬一有機會變成唯一女主角」，一年、兩年地糾纏不清，直到某一天，不知從哪裡聽到消息，才知道他結婚了……

為什麼我在部落格、IG或書上都一再耳提面命「三個月禁止做愛」？這是因為，女生一旦有了肉體關係，很容易開啟盲目的愛情開關，即使察覺危險也無法踩剎車，然後，變得離不開「渣男」。而且男生本質上是喜歡狩獵的獵人，隨手可得的東西不稀罕，一定要花費時間、心力獵捕才有成就感，才會想要珍惜。

為了避免我們失去冷靜，對「渣男」緊抓住不放，也為了讓對方更有成就感，請嚴守「三個月內禁止做愛」的原則！

不輕易把身體交給對方，反而是一種讓他更開心的手段！等他對妳充滿幻想之後再發生關係，得來不易的感覺，會讓他打從心裡感動。

妳是不懂得拒絕的人嗎？

不需要一味拒絕對方，被告白的時候回答yes也可以，或是告訴對方「再給我一點時間」。最重要的是，不管氣氛多好，從交往開始的三個月內，不可以有超過接吻的行為，更具體來說，請避免過度的肌膚接觸（撫摸）。

男生很容易在接吻的時候興奮起來，雙手不規矩在妳身上遊走。這個時候，請用溫柔的語氣告訴對方「不可以超過這個尺度哦！」然後握住他的手制止他。「再給我一點時間……」跟他這樣說吧，主導權掌握在妳手裡。

很多女生聽完秒回答「我做不到！」（笑）的理由，大概有以下幾種：

無法抑制自己的性慾

女生當然也有性慾，而且一旦有了喜歡的人，就會迫不及待想和對方結合，這種心情很難壓抑。

●不好意思拒絕對方的需求

妳是這樣簡單的女性嗎？又沒做什麼不好意思的事。讓他等，也是在加深他對妳的感覺，是很重要的期間。

●很怕他因此離開

才三個月不做愛就跑走的男人啊，說穿了就是不把妳當「唯一女主角」，一點都不值得妳付出真心。如果可以因此確認對方是「渣男」，反而更好！

總之，再次提醒，**請壓抑妳想快點和他做愛的心情（性慾）**。決心不夠堅定的話，會讓「渣男」趁隙而入喔！

什麼？好像會忍不住？要不然，乾脆穿上難看得要死的內衣褲去約會吧。多餘的雜毛也不要處理，用「這個樣子絕對不能被他看到」的狀態出席，幫助自己徹底堅守法則，直到約會結束吧（微笑）。

這短短三個月的時間，可以有效踢除只想做愛、隨便跟女生交往的渣男，通常他們約個三、四次沒到手就會不耐煩離開了。當然啦，也有些渣男抱持著反正閒著也是閒著，找個人吃飯也好的心態繼續約妳。如果妳對這個人的心意不太確定，一定要注意再注意，或者，再讓他多等三個月吧。

如果彼此都很認真，在這三個月不做愛的期間內，好感度反而膨脹得更快，進入「因為真的很愛對方，所以先忍耐自己的慾望」的狀態。這是提升雙方愛意的絕佳時機，請在「沒有肉體關係」的情況下，享受成人的戀愛吧！

忍耐三個月再和「唯一女主角」做愛，對方會更深刻感受到，隨便做愛是多麼可惜的一件事。而且，當對方越著急，越能讓妳看起來性感萬分哦（笑）。

對於把妳當「唯一女主角」的人來說，這段「三個月的禁慾期」是充滿美好幻想的福利期間；對只注重肉體的「渣男」來說，則是讓他們死了這條心的好方式。

總之，一舉兩得！

假如妳明明說了「還不行」，對方卻生氣「有什麼關係呀！不要那麼堅持嘛」、「我都已經訂好飯店房間了！」、「不要裝高貴啦。又不是第一次，對吧？」、「身體的契合是很重要的哦？」、「喝吧（試圖把妳灌醉）」、「可以去妳家嗎？（要來我家嗎？）」，遇到會說這樣話的人，基本上就死心吧。

我可以斬釘截鐵預言，這種類型的男人啊，做完愛就會瞬間變冷淡，三個月後大概連LINE都不會回了，約會被放鴿子的可能性也很大。一定要睜大眼睛看清楚，如果明知死路還讓自己陷得太深，就只能做好每晚哭泣的準備了。

RULE 23

妳是女朋友，還是有名無實的「隱形炮友」？

「完全沒有男朋友該有的樣子……」如果這個讓妳痛苦不已的煩惱，追根究底是因為「他本來就只把妳當砲友」，那麼，應該如何是好呢？

男人面對慾望的抵抗力較低，據說那種性慾的衝動程度，不是我們女生可以想像的，甚至有時為了得逞，也會使用一點卑鄙的手段。只要可以讓躁動的情慾冷卻下來，即使沒有感情上的因素也無所謂，花錢找的女人也沒關係。

如果正在情慾高漲的時候，出現一個只需要溫柔低語「和我交往吧」或是「妳好可愛」之類的甜言蜜語就可以上鉤的機會，惡魔就會在他們心中滋長，這是男人的天性。

男：「和我交往吧**（我想做愛！）**」

女：「嗯♡**（搞不好他是命中注定的人！）**」

不堅守「三個月禁止做愛」的原則，還沒弄清楚自己的地位就發生肉體關係。我遇到很多女孩，都在「破戒」之後發現對方突然變得好冷淡，兩個人的相處模式和想像中的「恩愛情侶」天差地遠。

這是因為對他而言，妳可能只是單純的炮友而已。想要成功談一場天長地久的戀愛，光滿足男生的性慾，絕對是大忌！如果在相處或交往的過程中，發生以下這些情形，聽我一句，趕快分手！

♥ 最好「當機立斷」的渣男行為模式

❶ 只在家裡或飯店約會

不是真心想和妳約會，只是想做愛而已（陪妳去遊樂園玩或為了吃美食排隊之類的，都是浪費時間）。

❷ 不願意讓妳去他家

不想讓炮友知道自己家在哪裡，或是根本和其他女生同居中。

❸ 一天聯絡一次就算多了

因為對妳身體以外的事都不感興趣，沒有真心想跟妳談戀愛。

❹ 每次都約平日晚上，做完愛後就解散

妳的地位就只是炮友，不想為了妳浪費寶貴的假日。而且約在平日，結束後也可以乾脆地說「明天還要早起不能太晚，下次再聯絡」。

❺ 即使約在星期六、日，也不會約白天

從早上就見面的話，要和妳相處一整天太久了，硬要和不喜歡的人在一起是很無聊的事。

⑥ 不願意配合避孕

只以自己的快樂為優先，不願意配合避孕，也不在乎女生的身體，完事後只會事不干己地說：「妳要吃避孕藥喔」（就算有了小孩也不會負責）。

⑦ 做愛的過程太過激烈

完全把妳當洩慾的玩具，硬要做一些妳不願意的激烈性愛，例如在戶外做愛、拍攝過程、多人性交、暴力性行為等。

⑧ 上床時只顧著滿足自己

妳在他心中的重要性，大概就是右手的替代品而已。

⑨ 心裡有其他女人的影子

原先就沒有要認真交往的意思，只要多問幾句就覺得妳小心眼。

⑩ 不帶妳和他的朋友見面

沒有人會特別把炮友介紹給朋友認識，自然也不想和妳的朋友見面。

q 遇到節日或紀念日時，工作特別忙

如果要為了不是很重要的人特地過節日，想到就讓人厭煩吧？對他來說就是這樣的，不想為了妳花費心力，更不可能準備禮物。

w 常常擺出高姿態，瞧不起妳

因為對妳的人不感興趣，就只把妳當道具來看，完全不重視妳，老是對妳感到不滿，或是目中無人地隨便批評「妳就是不夠努力啦！」。

除了❶以外，只要符合一項就直接出局！要有「他沒有把我當女朋友，只把我當炮友」的覺悟。因為不管哪一項，都不可能是男生會對「唯一女主角」做的事（如果只有❶的話，還有可能是妳對約會挑三揀四或是其他原因）。

如果是❷類型的男生，就算妳說想去他家，也有可能表面上答應，卻突然臨時說「我等一下有事」讓妳先回去，不管是和他整天膩在一起，或是一起過夜，基本上都不可能。有些男的更誇張，每次約會直接約在妳家或飯店房間、車上，上完床立即解散或呼呼大睡。睡了很久之後終~於起來了，卻完全不跟妳聊天或吃飯，匆匆忙忙說句「糟了！傍晚了，我要回去了！再聯絡哦」然後頭也不回走掉。妳的一天，就在等待他睡醒中白白消失了。

「我對他來說到底算什麼？完全感覺不到他對我的珍惜，只是做愛的關係？」

如果妳心裡曾經浮現過這種悲慘的台詞，親愛的，妳就是遇到渣男了啦，不要說服自己了，做愛後產生的感受是騙不了人的。

和對的人上床，妳應該會感到心滿意足，全身上下瀰漫著「**生為女人真是太好了！**」的幸福感，如果妳非但沒有這種感覺，反而空虛寂寞覺得冷，請為兩人的關係畫上休止符吧。

禁止成為男人的性慾處理人（炮友）

有些人可能認為，只要你情我願，只有肉體關係也沒關係。當然沒錯，但前提是妳要能把持住自己的心。

女人啊，是身心一體的生物。情感會隨著肢體接觸不斷升溫，反過來說，如果身體被玩弄，心也會跟著慌張起來，漸漸陷入「像我這樣的人」的自卑循環之中。如果因此養成自己輕賤自己的習慣，離「唯一女主角」就越來越遠了。

所以，絕對不可以變成炮友！要檢視自己是否被當炮友對待，好好守住自己的身體和心靈。否則就算妳懷了孩子，對方也不可能負責，放棄一條生命這種悲哀的事，也不是妳真心想要的吧？

千萬別想用身體來維繫關係，找一個真正愛妳的「男主角」吧。浪費時間和不把妳放心上的男人上床，一點意義也沒有。請拿出身為女主角的態度，以更高規格的姿態來看待愛情這件事。

RULE 24

不愛妳的男人，都很懂得「趨吉避凶」

男人說起來，真的是單純又坦率。這種坦率的程度，遠遠超過我們女性的理解範圍。就讓我來試著為大家解讀，簡單到讓女人無法理解的男人心吧！

一般來說，在女人的思考邏輯裡，「**戀人有困擾的時候要伸出援手**」幾乎是預設的反射機制。如果一個人住的他生病了，主動提出「要我幫你買什麼過去嗎？」或是發現對方身體不舒服，對他說「你坐著不要勉強，有什麼事我幫你做就好？」都是理所當然的體貼反應。

但男人可不是這麼一回事，體貼只需要用在「唯一女主角」身上。而且「唯一女主角」有困擾的時候，就是他們表現自己的好時機，只差沒說出「**太好了！該我出場了！**」但如果不是「唯一女主角」呢？直接忽略。

理由？對於不是那麼重要的人，要體貼太麻煩了。也有一種情況是對方抱持著高高在上的態度，認為「我根本不需要費心，這女人離不開我啦」，將妳所有的付出視為理所當然。搞不好看到妳困擾的樣子，還覺得妳「**好會找麻煩**」，露出不耐煩的神情。

遇到困難的時候，也是分辨對方是否值得依賴的重要時刻！必須睜大雙眼看清楚對方真實的想法，不要幫他找些「他可能工作很忙……」之類的藉口開脫。好好判斷他是不是將來能夠陪伴妳走完一生的對象吧！

♥「患難見真情」的關鍵反應

【當妳重感冒，發燒到39度】

・「重視妳的男生」↓立刻到藥局買藥去看妳，握著妳的手，幫妳拿換洗衣物或擦汗，認真照顧妳。

・「只想玩玩的男生」↓嫌妳麻煩，不是突然說「我也不太舒服」（剛剛明明還活蹦亂跳），就是一臉厭惡地說「不要傳染給我！」，在LINE上回一句「保重！」後就音訊全無（開始和別的女人去玩）。

【當妳有重要的人過世】

・「重視妳的男生」↓抱著妳，靜靜陪伴妳，聽妳說話。在喪禮的時候默默陪在妳身邊，或是在附近等妳。

・「只想玩玩的男生」↓光是說些「人生無常啊」、「到天國後就沒有煩惱囉」不著邊際的話。沒想過陪妳參加喪禮，就算來了也一直做些沒常識的舉動（全程低頭滑手機），或是跟妳說「等妳平靜一點再聯絡」後消失。

【當妳出車禍或遇到麻煩】

・「重視妳的男生」→很認真幫妳想辦法解決問題，遇到需要出面交涉的情況時，也會毫不猶豫當妳的擋箭牌。

・「只想玩玩的男生」→事不關己抱怨「妳太粗心大意了吧」、「我也有很多事情要忙，妳自己想辦法處理完再見面」，完全不想幫妳，只關心「和解金可以拿到多少？」這種事（就算有和解金也和男朋友沒半點關係吧）。

【當妳工作太忙沒時間見面】

・「重視妳的男生」→特地帶飲料或食物來找妳，只為了見五分鐘的面。聽到妳臨時有空檔可以見面，就會立刻把原本預定的事情排開。

・「只想玩玩的男生」→妳忙到沒時間管他的時候，正是他劈腿的大好機會，就算被抓包也會理所當然地說「因為妳最近都不理我呀！」

在遇到困難的時候，能夠讓妳深刻感謝「還好有他在身邊」的，只有把妳當「唯一女主角」對待的人。至於那些不值得依靠的男人，只會在妳有難時袖手旁觀，甚至落井下石。醒醒吧，千萬不要上當了，還在交往時期就這麼無良，結婚後只會變本加厲而已，成為一個三百六十五天火力全開的「渣男」。

妳現在喜歡上、發展中、或是正在交往的對象，值得依靠嗎？如果是個只在對自己有利時說些肉麻話，一發生問題連忙劃清界線的人，請看清他們令人心寒的嘴臉，這種危難時刻的反應，才是他們的真心話。

RULE 25

每個男人都有成為「渣男」的可能

告訴大家一個令人震驚的事實——每個男人的心裡都潛藏著「渣男性格」。在注重上下關係的男人世界裡，一旦他發現妳的地位不如他，就會勇往直前朝「渣男之路」衝過去，開始用草率的態度對待妳！

很多女生的悲劇就從這裡開始。明明熱戀期如膠似漆、體貼入微，後來卻搖身變成一個態度敷衍、自私自利的爛咖。這就是因為妳總是對他的予取予求無條件配合，才讓好男人心中的「渣男性格」甦醒，崩壞成「凡事只想著自己」的人。

好不容易抓住一個把妳當「唯一女主角」對待的人，為了妳們將來的幸福著想，當對方隱約露出「渣男性格」時，千萬不要被對方牽著鼻子走，必須堅守自己的守備範圍才可以。

♥當對方透露出「渣男性格」時的應對方式

❶沒有時間觀念的男人

約會遲到是家常便飯，也不喜歡先決定好約會時間，只告訴妳「當天起床後再聯絡」或是「工作結束後跟妳說」。結果妳化好了漂亮的妝，看了一百萬次LINE，枯等了好幾個小時，都沒有人出現。

【應對方法】

「如果很累就先回家休息吧！改天再約。」、「很忙的話不要勉強，下次再約吧。工作加油！」爽快回絕，不要見面。重複幾次後，他就會知道不好好遵守約定是見不到妳的（比用嘴巴說來得更有效果）。

❷約好後卻放鴿子的男人

在時間快到的時候放妳鴿子。老是說身體不舒服或突然有工作，雖然是正當的理由，但總覺得很可疑。好不容易安排好的計畫都被破壞了，超級掃興。

【應對方法】

當接到他的電話或訊息，用充滿愧疚的語氣跟妳說「對不起……實在沒辦法去」時，不管理由是什麼，乾脆地回答「知道了！再見」後結束對話，然後讓他聯絡不上妳，絕對不要乖乖迎合他。

③ 強調自己沒錢的男人

一天到晚嚷嚷沒錢，卻不會想「這個月手頭比較緊，約會要省一點囉」，而是直接跟妳說「要請我吃飯嗎？」很吝嗇在妳身上花錢。

【應對方法】

「那先不要約會吧，不然太辛苦了！」跟他這麼說，然後拒絕約會，絕對不要說出「沒關係，我來付吧」之類的話。

④ 想要妳隨傳隨到的男人

突然發訊息來說「現在過來這家店」、「妳現在來我家，計程車錢我出」，希望對方立刻趕過去。男人啊，想見一個人的時候，是會自己過去的。如果他一聲令下妳就匆忙趕到，那瞬間就完全被他看輕了。

【應對方法】

「明天我還要早起，改天再說」、「我現在有事，再見囉」直接拒絕，讓他知道妳沒那麼閒，隨便他傳喚一下就過去。想想看，妳會因為好吃的餐廳不提供外送就生氣嗎？應該會自己去取餐吧？千萬不要被當成一通電話就可以隨傳隨到的外送女。

冷淡保持距離是「渣男性格」的治療法

歇斯底里大發脾氣，哭哭啼啼埋怨對方「是不是不愛我了？」或是使出渾身解數求關注……女生啊，總是想方設法拉近兩人之間的距離。

但你知道嗎？男生可不是這樣的，他們一旦被迫拉近距離，本能上就會開始產生強烈的抗拒，覺得「好麻煩哦」、「好沉重」，想要再把距離拉開。

所以，不斷逼近對方是沒有用的。隱約感覺到「**這個男的開始把我的地位往後擺囉！**」的時候，不要發火，保持距離才是最有效的方式。男生一旦被妳冷淡對待，就會開始猜測「**欸？她對我沒興趣了嗎？**」、「**該不會有其他喜歡的男人了？**」對妳的事情變得非常在意，打開狩獵本能的開關。

即使對方開始顯露出「渣男性格」，也不要慌張或被耍得團團轉，拿出身為「女主角」的驕傲和態度，堂堂正正迎擊吧！

「我試著冷落他，結果他反而惱羞成怒（淚）」

「竟然就這樣音訊全無了……」

之前有個女孩跑來跟我訴苦，說她一試圖和對方拉開距離，對方立刻負氣離開……我只能說，非常遺憾，他離開的原因並不是妳的關係，他表現出來的不貼心舉動也不是因為「渣男性格」蠢蠢欲動，而是啊，他一開始就沒有愛上妳！是個道道地地的「渣男」。妳們的關係之所以可以持續下去，只是因為妳緊抓不放而已，請趁這個機會斷念死心。

像這種不珍惜我的男人，我不需要！

拿出女主角的強勢態度吧！我就是這樣子努力不懈把「渣男」篩選掉，才找到了現在的幸福。遇到「渣男性格」開始外顯的好男人，可以先檢討自己的態度，並透過拉開距離改善兩人的關係。但如果是沒藥醫的「純種渣男」，就把他從記憶中刪除，擦乾眼淚勇往直前吧。

RULE 26

為什麼他劈腿了，妳卻想著原諒？

「原來如此！被對方輕視的時候，冷淡保持距離就可以了。我的男朋友劈腿了，我也要這樣試試看！」

不對，完全不對！很多女生誤把這套改善方式用在劈腿的情形上，太天真了！劈腿這種背叛的行為沒得商量，就是放棄，沒有別的選項。這和前面提到的，基本上對妳很好，但漸漸開始遲到、任性的「渣男性格」，完全不一樣。

另一方面，對方明明做出了傷害妳的背叛行為，為什麼還不死心？試著問問看自己吧！不好好了解其中的原因，妳永遠沒辦法前進。甚至出現**「他竟然劈腿，我好難過……但我不想分手！雖然無法原諒他，可是我喜歡他的心情沒有改變**

（哭）」的情形，因為無法捨棄對方，只好一直和「渣男」糾纏下去。

通常遇到對方劈腿，卻無法割捨的情況，大多可以分成以下幾種。請大家仔細看看自己屬於哪種情形，找到原因後，釐清自己的情緒吧！

明明被劈腿，為什麼還是無法離開他？

① 「因為還喜歡他」

這是當然的。不是每個人都可以在知道對方劈腿後，馬上把強烈的感情冷卻下來。付出得越多越難割捨，依戀的程度也越深。

② 「不想輸給那個女人！」

「我要讓他知道誰才是最好的！」、「用社群網站找出那個女的吧！」

強烈的對抗意識也是讓人難以放手的原因。但追根究柢，這樣的執著已經與愛無關，而是女人的固執和自尊心在作祟。

③「都已經決定要結婚了……」

訂了婚後發現對方劈腿，陷入「沒有退路」的困境中。這時候，請問問自己的內心，「和這種人結婚，真的會幸福嗎？」我敢斷言，就算登記結婚了，三年內離婚的可能性大概也很高。

④「我已經快要超過適婚年齡……」

在三十歲過後的女性中，很多人抱持著這樣的想法。但我必須要說，不管是三十歲、四十歲還是五十歲，時間都還有很多！

⑤「除了劈腿以外，沒有什麼問題」

在心裡說服自己，對方除了劈腿以外沒什麼毛病，然後睜一隻眼閉一隻眼結了婚（尤其當對方是搶手的對象時，最容易有這種情形）。醒醒吧！等妳懷孕或生產後，他很有可能變本加厲大搞外遇，最後離婚收場。這種案例，我看得可多了！

⑥「我不甘心！我想讓他重新愛上我後再拋棄他！」

因自尊心受到強烈傷害，點燃了復仇心，為了「讓他再一次迷戀上我！」而繼續交往。冷靜下來想想看，這樣的人值得讓妳浪費寶貴的人生和青春嗎……？

當對方被抓到劈腿後，不管他是說「因為妳最近很冷淡」，落下男兒淚求原諒，或是惱羞成怒氣急敗壞。不管對方的反應是什麼，他內心所想的都是一樣的——「**我想和其他女人做愛！**」以及「**只要我哭她就會原諒我**」。

簡單來說就這樣，所以，就算只有一次，劈腿也絕對不可以原諒！

話又說回來，就算妳暫時原諒了他，其實心裡也不是真的看得開吧。他和那個女生在LINE上面的對話，始終在腦中揮之不去。他曾經說過的謊言，在對照過約會時隱約察覺的不對勁後，逐一證實了自己的懷疑沒有錯，他的確背叛了自己！氣憤的同時，也對於一直以來說服自己相信他的傻氣感到悲慘萬分……和他牽手的時候、接吻的時候、做愛的時候，腦中不斷浮現**「他對那個女人也做過這種事吧……用這隻手……」**嫉妒得快要抓狂。

「他現在說的是真的嗎？他還有別的女人嗎？」明明兩個人在一起，妳的腦中卻一天到晚想著這個問題，做什麼都無法專心。

劈腿這種事，不可以原諒。不管妳再怎麼欺騙自己，最後都會發現自己始終沒有忘懷。只要在這個人身邊，心就會漸漸受侵蝕。不斷在忌妒、猜疑、不安之下變得滿是傷痕。而且，男生如果知道對方是會原諒自己的人，就會不斷重複做一樣的事情。到那個時候，妳只會被傷得更深。

失戀後又哭又喊，歇斯底里把想法發洩出來，暴露出最難看的樣子都沒有關係。但是，為了妳自己，一定要和那個「渣男」分開！

已經夠了哦。不要再被傷害了，不好好保護自己的心是不行的。只要離開那個不斷在妳心上戳刀的傢伙，就算哭到眼睛快瞎了，每天過著沮喪又痛苦的日子，連睡覺都被惡夢糾纏……我們的心也會逐漸復原，總有一天，一定可以重新站起來。所以，痛苦的時候請不要放棄希望，告訴自己，只要度過這些難熬的日子，幸福遲早會來臨。

CHAPTER

5

在相處之間，看見愛情的模樣

LOVE

RULE 27

「越吵感情越好」是百分百的騙局

「越吵感情越好」這句話，我覺得根本是罪過。

難得遇到一個把妳呵護在掌心，當成「唯一女主角」珍惜的人，妳卻無止盡地吵吵鬧鬧、耍任性，把對方的心意蹂躪踐踏在地上。這樣的女生，結果當然就是，從「唯一女主角」的位置上被拉下來，愛情溜之大吉。

爭執不休的相處模式，一定要改過來！即使妳再有魅力，對方多麼被妳吸引，一旦相處後發現妳只是個無理取鬧的女人，就完全沒有意義了。一天到晚吵架，只會讓本來把妳當「唯一女主角」的他覺得「好麻煩」而夾著尾巴逃跑。

為了避免破壞到手的愛情，請一定要嚴守「不吵架」的原則。

再怎麼堅強的女生，面對感情時還是會有「如果被拋棄怎麼辦？」的不安。

尤其是生理期情緒不穩定的時候，更容易因為他若無其事的態度而感到受傷，或是內心小劇場的「被害妄想症」不斷上演。不安感大爆發的結果，就是壓抑不住的情緒引爆開來，進入無止盡的吵架狀態。

每個人宣洩情緒的表現方式都不同，但大致可以分成兩種類型。請找到符合妳的類型，並練習改善的方法吧！

表現情緒的兩大類型

❶「歇斯底里」的類型

感到不安時很容易歇斯底里（從外人角度來看，簡直是在找對方碴），用情緒性的言語咄咄逼人，把對方罵得狗血淋頭。招牌台詞是，「你倒是說點什麼啊？」

【改善方法】

如果妳是這種理智線容易斷掉的人，最需要練習的就是「忽視對方」。因為這種類型的人大多很聰明，很容易被不懂得察言觀色的言論踩到點，所以，必須學習在心裡告訴自己「**男人啊！就是愛講一些不知所云的事～（笑）**」，然後不當一回事，或是開個玩笑反擊回去，藉此消消怒氣。

② 「小心翼翼」的類型

總是過度顧慮對方的舉動，講話吞吞吐吐，一下子欲言又止「最近，你好像很忙呢……」，一下子又說「沒事啦」然後哭出來。營造出「我是被害者」的氛圍來情緒勒索，久了之後就會讓另一半有「**到底搞什麼鬼啊！**」的煩躁感。

【改善方法】

說到底，愛情本來就不需要委屈，妳沒有必要鞠躬盡瘁，更不用疑神疑鬼。很多的沮喪其實都來自「太過在意」，「樂觀」才是妳要學習的當務之急。

把氣氛弄得沉悶陰鬱，只會讓人感到沉重。如果有在意的事情，就爽快問出口。「啊，對了，那件事怎麼樣了？」用輕鬆的口氣說出來就好，不需要想太多。

避免爭執的守則

❶ 大重點！不可以亂遷怒發脾氣

因為工作上的事焦慮不安（**那個王八蛋竟然在會議上誣陷我！**），不小心把剛買的眼影摔得粉碎（**那是我好不容易才買到的 Dior 限量眼影盤……**）我想大家應該都曾經有過，因為遇到很多煩心事而焦躁，結果對方明明沒做什麼事，卻胡亂遷怒、大發雷霆的經驗吧。

這就是人。每個人難免有情緒失控的時候。但是呢，請盡可能要求自己不要遷怒到別人身上。在職場上遇到喜歡遷怒別人的上司，也會覺得很討厭吧？那麼，明明是最應該珍惜的人，為什麼要因此傷害對方的感情呢？這樣子的舉動，等於是在澆熄對方熊熊燃燒的愛火。

② 無法控制情緒的時候，請說出來

「最近我滿腦子都是工作的事，脾氣不太好，不是因為你的關係。」

「我生理期快來了，很容易感到焦慮。」

如果可以的話，一邊抱著他一邊用可愛的聲音撒嬌，安撫對方被牽連的不悅（撒嬌這個手段是女孩的武器）。

容易讓男生不爽的地雷

很多時候男女爆發口角，都是因為女生踩中男人心中的地雷！只要預先知道地雷埋在哪裡，就能避免很多無謂的爭吵（搞不好不是對方愛發火，而是妳不斷在地雷上跳踢踏舞）。

不能踩的「男人地雷」

1. 明明沒問妳，卻硬要給他工作上的建議（什麼啊？別瞧不起人啦！）
2. 試圖改變他的生活習慣，不斷碎嘴（吵死了～簡直是個媽）
3. 不希望他和朋友見面（想要妨礙男人的友情，不可能）

④ 要求他放棄自己的興趣（跟這女生結婚不就沒自由了？不行不行）

⑤ 送禮物給妳，卻被說禮物很小氣（再也不送了）

⑥ 高高在上指責他的錯誤（令人不爽……）

⑦ 抱怨他的家人或朋友（貶低我的伙伴的，都是我的敵人）

⑧ 用年薪、身高、學歷等衡量或看低他（……萌生殺意）

⑨ 拼命稱讚其他男人（……那去和那傢伙交往啊！）

⑩ 老是用「可是啊～」來否定他的論點（一點都不可愛！）

男人的自尊心如果受損，或是感到被束縛，心情上很容易感到不悅，態度也會因此變得冷淡。看到他不理不睬的樣子，妳心裡的不安感不斷增生，兩人之間也會開始爆發口角。

例如，「為什麼又和那個朋友見面？我不是想說他壞話，但你覺得他的為人好嗎？」或「我朋友說她老公買了新房子！好好哦～你要不要去她老公的公司上班？」這些女生們不假思索說出口的話可能重重傷害了男性的自尊心。以自己的喜好和需求來干涉或評論對方，是很差勁的行為。

每次見面他總是溫柔體貼，對妳無微不至的照顧。如果對方是這麼好的人，妳也獲得了全心全意的愛情，就請不要逞一時的口舌之快，或是以自己的喜好約束、傷害對方。

保持平常心，不要講多餘的話。只要注意這個重點，就能讓爭吵大幅減少。男生如果被「唯一女主角」傷害到自尊心，心裡可能會一直耿耿於懷，導致兩人的摩擦越來越多，甚至漸行漸遠。

RULE 28

吵架的時候，先道歉的人就贏了

倔強固執的女孩們，歡迎來到這一頁！

在這裡，我想把大家喚醒！雖然最好的情況是「根本不要吵架」，但兩個人在一起難免有爭執，萬一吵架，「好好道歉」也是很重要的一環。

吵架的時候為了逞口舌之快，難免有「**啊！我說了不該講的話，不小心傷害到他了……**」而感到懊悔的時刻。這個時候，如果不趕快捨棄「**我才不要認輸！**」的自尊心，或是像「**我也受傷了啊！我又沒有錯！**」的被害者意識，時間一久，兩人之間的牽絆就會越來越淡（給其他女人趁虛而入的機會）。

如果好像快要吵起來，或是已經吵架了，請立刻實行以下的滅火步驟。

♥ 讓爭吵快速消失的滅火步驟

1. 發現自己有錯的時候盡快坦率道歉。
2. 「剛剛說那些話只是在賭氣，傷害了你真的很對不起」等，具體告訴對方道歉的原因。
3. 吵架一定要在當天解決。
4. 心情煩躁想要發火的時候，先一個人平靜心情。
5. 當對方道歉說「對不起」的時候，用擁抱來接受他。

坦率道歉，是兩人關係融洽的重要關鍵。如果不小心亂發脾氣，就以「剛才對不起哦。今天工作的事讓我很煩……遷怒到你身上了」，坦白說出遷怒的原因，並向他道歉。

倔強嘴硬的女人，會啟動對方的「渣男性格」

兩個人在一起的時候，如果女生時時提醒自己坦率表達心意，男生也會在不知不覺間漸漸被影響，和對方越來越像。男人是非常單純的生物，是照出妳的舉止的鏡子。

反過來說，如果妳老是倔強固執、劍拔弩張，吵架時歇斯底里大喊「你太差勁了！」，或是他明明已經釋出善意妳卻不領情。長久之下，看到這樣的妳時，他就會想：

真是不可愛……

又來了？有夠麻煩！我受夠了！

這擺明是在遷怒我啊？這女人發什麼神經。

真是讓人倒胃口……

接著，對妳的愛情熱度驟降，態度變冷，聯絡頻率減少。最後的結果，就是變得和妳一樣，明明做錯也死不認錯……這，就是妳倔強固執的後果。

倔強固執的個性，請改掉。

我以前就是一個極度倔強、嘴硬、麻煩的女人，但是我改了。因為我發現，如果能丟掉「吵架絕對不能輸」這種不知道在爭什麼的自尊，就能得到愛情（很現實的理由吧）。

如果連自己都感覺到「**好像說得太過分了**」、「**我這樣是在遷怒他吧**」、「**我現在的態度不太好**」，請坦率道歉。

倔強的女人一點都不可愛。死不認錯的固執，會讓妳的臉變成「醜女」！請成為率真的自己，把到死都能用的武器──「可愛」學起來！

不管是男是女，「輸」的那一方就贏了！

RULE 29

「撒嬌」是女人專屬的厲害武器

「這樣說起來，如果想要避免紛爭，就不能對男朋友提出要求或表達不滿嗎？」當然不是，這完全是不對的想法。有要求或不滿當然要說出來。但重要的是，怎麼說？這，可是有祕訣的喔。

拿出女生最厲害的武器吧——「一邊撒嬌一邊拜託」。這招對獨立自主的女生來說大概很頭痛（笑），但不得不說，這可是無往不利的超強手段。

例如，每次約會都去一樣的地方，妳可能會有「**最近約會總是一成不變，好像有點無聊……**」的感覺。

這時候，不擅於撒嬌的女性可能會這樣說：「還是去那裡嗎？最近約會怎麼老是去那裡？」毫不掩飾的說法會讓男生有被挖苦的感覺，假使之後更動了約會計畫，那也只是出於被迫的義務感，或是處理「交辦事項」的感覺，不是心甘情願去做的。

但我們女人，想要的是這種不情不願的作為嗎（而且這種「不得不做」的行為，基本上都不會持久）？像這種時候，「撒嬌」就是一個兩全其美的手段。

「好想要去那裡玩！你可以帶我去嗎？」聽到女生用柔軟的聲音提出要求，男生就會頓時充滿行動力，自動自發往前衝，而且，幫對方實現願望後，他們也會產生「我幫她達成願望了！」的滿足感。

所以啊，不擅用這個機會撒嬌，真的很可惜哦！快學會「用可愛的方式表達要求或不滿」的必勝招式吧，這是一個可以滿足彼此心靈的雙贏手段。

♥用可愛的方式表達要求或不滿——撒嬌的關鍵步驟

①溫柔撒嬌：想要的事情，請用可愛的聲音明白說出來（撒嬌是強大武器♡）。

②具體要求：男性很不擅長猜，必須提出明確的要求（女人心對男人來說太過複雜）。

③開心稱讚：幫妳實現願望後，要露出非常高興的表情稱讚他（捨棄妳的羞恥心吧）。

● 撒嬌的關鍵①「溫柔撒嬌」

懂得撒嬌的女生，如果覺得「**最近約會都一成不變**」的時候，會這樣說：「親愛的~我好想去水族館~♡」用比平常更可愛的聲音，明白地把願望告訴他。

只要這樣就可以了。不用費盡心力旁敲側擊，或是挖苦啊，嫌棄啊，用理論來說服對方，一點必要都沒有。

想要拜託對方的事，找個時機用溫柔的聲音拜託他就好。如果他說「好啊」，就笑著跟他說「真的嗎？好開心♡」。只要這樣，他就會幫忙實現妳的希望，他也會因為「**我是讓女朋友開心的人哦！**」而得到成就感。

明明就是這麼單純的事，但不擅長撒嬌的女生卻超級多。說來說去，其實是因為女生的心裡常常有：「希望我不說，對方也能察覺到我的想法」這種天真的癡心妄想，通稱「猜猜看小姐」。

男人不是女人，沒有察覺女人心的能力！妳不講，他是不會懂的。

如果妳抱持著「猜猜看小姐」的心態，就會因為對方的遲鈍而產生「**真的是一個不會察言觀色的男人！**」的不悅，然後擅自對他失望，開始嫌棄這個嫌棄那個，最後兩個人的相處，就只剩下爭吵而已。

大家有注意到嗎？在上一段的例子中，我並沒有說出「哪裡都好帶我去吧～」這種籠統的要求，而是明確說出「水族館」這個具體的關鍵字。這是因為，對於沒有察言觀色能力的男生來說，「具體描述」是很重要的一點（不說清楚的話，最後約會地點可能就是家電量販店了）。

如果一個人住的妳重感冒昏睡在家，對他提出「下班後可以幫我買吃的來嗎？」的請求，打開他帶來便利商店的袋子時可能會嚇一大跳！「你、你、你買豬排便當來嗎？」

「一般身體不舒服的時候，不會想吃油膩的食物吧？難道這還要講嗎？」妳可能會因此打從心底感到失望。但是，不講清楚就不懂，男生就是這樣。說不定他是希望妳吃了豬排後會更有活力才買的（笑）。

像這種情況，請具體提出「我發燒，而且喉嚨超痛的……你可以幫我買比較好吞嚥的食物嗎？像是稀飯，還有寶礦力和退熱貼片」的要求。

順便一提，拜託的事情如果超過三項，男人很容易忘記一項。這種謎一般的男人法則，就放寬心吧。盡可能把要求減到最少，忘了就算了，千萬不要因此責備他（笑）。

撒嬌的關鍵③「開心稱讚」

當他幫妳買了想要的東西之後，拜託他幫忙微波加熱，吃完稀飯後躺下來，用柔軟的聲音跟他說「牽我的手好不好？這樣我比較安心」，一邊撒嬌一邊說「有個可靠的男朋友，真是得救了」，大力稱讚他，讓他覺得「**這個女孩沒有我不行呀**」而湧現想守護妳的心情。然後幾天後再重新提到，「我生病你來看我的時候，我真的好開心呀！」讓他的滿足感再往上提升（女孩們，這步驟可是關鍵）。這樣一來，等下次妳身體不舒服的時候，他就會知道該怎麼做了。

如果老是提起「兩人之間的約定」或是「一般情侶都是這樣」的說詞來宣導「想要男朋友做的事」，男人就會發揮天才般的忽視力。所以，與其用「約定」給他「不這樣做不行」、喘不過氣的壓力，不如以「被感謝」、「被需要」當誘餌，誘使他做出行動（很多女生會把約定好的事當成理所當然而忘了感謝）。

還有，老是講些大道理的女人，在男人眼中就像囉嗦的媽媽或愛管事的班長一樣煩人，只會讓他覺得「**吵死人了～一點都不可愛！好想逃離這裡！**」而已，不會有任何實質上的改變。

為了讓他幫忙實現希望，請妥善運用「溫柔撒嬌↓具體要求↓開心稱讚」的三件式組合。只要滿足了對方「想要被依賴」的男性自尊心，久而久之，他也會學到如何對待妳的方法。

再說一次，「撒嬌」是女人強大的武器，是絕對要學起來的必修科目。這樣一來，結婚後也不會有「老公不分攤家事育兒」的傷腦筋狀況。願意幫忙做家事顧孩子的老公，光用找的不夠，還要懂得用撒嬌來訓練對方才行。

別害羞，今天就練習說聲「拜託啦♡」吧！

RULE 30

紀念日最好什麼都不要做

戀愛中的少女，最愛過紀念日了！

但要小心，在這些紀念日之中，可是藏著很～多可能讓妳失去「唯一女主角」資格的陷阱！

不知道為什麼，女生一旦交了男朋友，就會莫名罹患「把紀念日當成命」的病。我也曾經有過這樣的時期，但現在我要奉勸大家一句，如果想要持續被當成「唯一女主角」的話，最好早點改掉這個毛病。

首先，是關於讓女生充滿幹勁的「對方生日」，當然，這之中還有分成「曖昧對象」、「男朋友」這兩種不同的情況。

當對方生日的時候〈曖昧對象篇〉

還沒有正式交往的男生（不管是曖昧中也好，單戀也好）、正猶豫或許分手比較好的人、渣男、炮友等，對於所有不敢抬頭挺胸說妳是「唯一女主角」的對象的生日，**坦白說，什麼都不要做就好。**

尤其是妳正在猶豫要不要放棄的男人，更是如此。如果讓妳猶豫不決，那就表示對方並不是真的很珍惜妳的人吧？既然這樣，一毛錢都沒必要花在他身上。如果對方是不懂得珍惜的渣男，妳的付出只會讓他越來越放肆。

如果對方是連男朋友都稱不上的人，也沒有送禮的必要。**「運氣好的話，搞不好能因此交往？」**請不要用無謂的方式討好對方。

攻陷男人靠的不是物質！而是魅力！

忽略對方生日可能得到的效果

．「咦……那傢伙已經對我不著迷了嗎？」能讓他這樣著急。
．「什麼啊？竟然忘了我的生日！」能讓他發火，曝露本性。

忽略對方的生日，或許反而能夠成為大逆轉的機會，或是給妳一個真正捨棄對方的契機。順便一提，會跟妳要昂貴禮物的男生，八成是把妳當成「可以做愛的錢包」，請不要上當！為了自己將來的幸福，請徹底實行「只幫懂得重視妳的『男朋友』過生日」的原則。

至於把妳看得比任何事都重要的男朋友的生日，雖然要過，但也不能做得太過頭，否則會有反效果，反而讓對方退避三舍。

♥ 當對方生日的時候〈男朋友篇〉

❶ 不要做得比他曾經為妳做的更多

不要約在比他帶妳去過的店更高級的餐廳，或是送更昂貴的禮物。

❷ 不要送名牌禮物

昂貴的精品名牌不切實際，請選工作上或興趣上可用的東西吧。

❸ 避免充滿情侶感的禮物

女孩最容易做的就是這個（笑）。把兩人的合照做成相簿、送情侶對杯或是寫情書等，這種充滿「我好喜歡你！」的東西都應該禁止。

❹ 吃飯和禮物的錢加起來不要超過五千～一萬元

當然還是要看收入多少來決定，但如果是一般收入的情侶，請以這個金額為基準吧！雖然不建議女生親手做料理為男生盡全力付出，但如果只在紀念日試著解禁也是可以的哦（讓他喜極而泣吧）。

幫他過生日的祕訣

如果妳現在是正被他拼命追求的立場，讓他焦急地想和妳交往，或是還沒有做過愛的關係的話，就假裝忘了他的生日吧。只要在約會結束後要回家時，輕輕握住他的手說「生日快樂」，靜靜微笑就好。

他會因此開心「**原來她記得我的生日嘛！**」，但請不要就這樣被他帶去飯店開房間，趕快回家吧，讓他回家後反覆思念妳。

讓他追求，讓他焦急，然後假裝忘了他的生日，再輕輕推一把！比起單純送禮物，多花一點心思給他出乎意料的衝擊，反而更有效哦。

男生並沒有像女生一樣，對紀念日或生日、情人節那麼執著。對這些節日執著的，是希望能更被他所愛的妳。

說得更明白一點，送禮在結婚之後做就可以了。要送的話，只限於把妳當「唯一女主角」對待的他，而且，送三百元的巧克力也可以（GODIVA最便宜的巧克力就好了，推薦！）。

再說一次，光靠物質不可能擄獲男人的心。魅力，才是讓他想追妳的重點。對他來說，可以遇到「命中註定」的妳，就是最好的禮物！

話又說回來，如果他忘了妳的生日呢？不要放過這個好機會，用氣呼呼的表情對他生氣說「太過分了～！」（但不要歇斯底里大發脾氣）。他一定會驚慌得不斷跟妳說道歉。試試看用這樣反應來加深他對妳的愛意吧。

番外篇　當他忘了妳生日的時候

① 給予懲罰：要求略微高出他預算的禮物吧！

「欸？那，我要那個當禮物～」

「帶我去吃那家餐廳，我就原諒你！（比較高級的晚餐）」

②心情好轉：當他實現妳的願望時，誇張地表現出開心的樣子。

「哇！拜託你幫我實現這個願望，真是太好了。這個適合我嗎？」

「超好吃～結果你忘記我的生日反而是我賺到！（笑）」

③停止抱怨：不要碎碎唸，和他度過開心的一天

「明年你又忘的話，我就不原諒你哦！」、「啊，不過呢，到時又可以趁機跟你要東西，好像也不錯？（笑）」像這樣一邊開玩笑，一邊享受美好的日子。

看著妳喜出望外的樣子，他會一邊在心裡想「**還好，好危險呀～**」一邊反省自己「**好可憐哦**」、「**是我不對……**」。

為了再一次看到妳超開心的笑容，他明年會更竭盡全力。
不要因為對方忘記自己生日而耿耿於懷，「居然忘了我的生日！他一定是不愛我了」，與其被自己的猜測弄得心慌意亂，不如化危機為轉機，勇往直前吧♪

CHAPTER

6

男人的心，
也需要被呵護

LOVE

RULE 31

比起虛幻的愛，男人更想要實質的稱讚

提到和男生相處融洽的方法時，我總是不斷提倡「請給男人面子」、「帶著笑容感謝他的付出」、「對男生表現出信賴感」、「要學會傾聽與讚美」等建議。

光看這些，很容易出現「太傻眼了吧？都什麼時代了還男尊女卑」的誤會，但其實，並不是這個意思。

妳聽過這段話嗎？

做給他看，說給他聽，讓他嘗試，若不給予讚美，人不會自動自發。
溝通並傾聽，表示認同後交付他去做，人才會成長。
以感謝守護正在努力的他，給予完全的信賴，人材才能養成。

「讚美、傾聽、交付、感謝、信賴」正是我所倡導的內容，但上面這段話，卻是第二次世界大戰時，聯合艦隊司令長官山本五十六的名言，講的是帶人的方法，完全和男尊女卑沒有關係。

換句話說，不管是在男女感情或是職場，這些道理都適用在男人身上。所以，身為異性的我們想要和男性順利交往，不先學會這套鐵則怎麼可以呢？

抓住男人心的第一步是「讚美」。如果妳真的喜歡他的話，請不要害羞，立即去實踐吧！

男人被認同的需求，是女人的一百倍！

如果說女人的DNA上深深刻著「**想被喜歡的人所愛！**」，不被愛就傷心，被愛就滿足，那麼，男人也是一樣的，他們心中內建著「**想要被喜歡的人認同！**」

（但其實我覺得他們的真心話是想要被全世界認同）」的強烈需求。但是從現實面上來看，男人在社會上得到認同並且成功的機率，居然不到0.1%。這樣一來，只好轉而把希望縮小，至少要得到喜歡的人的肯定。所以啊，這就是我們女人的優勢了，想要滿足男人最好的方法，就是讚美他們，給予他們認同！

滿足男人心的小祕密

❶ 再小的事情也沒關係，對他說「你好厲害！」（經常「讚美」他）。

❷ 帶著微笑對他說「謝謝你總是這麼好」（「感謝」會滋潤男人心）。

❸ 不要用約束的方式，請讓他看到「我相信你」的從容感（「信賴」會產生責任感）。

❹ 認真聽他說話（男生喜歡「傾聽」自己說話的人）。

透過妳的讚美和肯定（尤其是認同他在工作上的表現），他內心的男子氣概和自尊可以獲得十足的滿足。這種心滿意足的感覺，就宛如他緊緊抱著妳，對妳說「我愛妳」時的感動。

如果說到這裡，妳還是不懂讚美對男生來說的重要性，讓我們試著切換角度，將男生最重視的職場評價，換成女生在意的事情來看看吧。

當工作能力受到稱讚……

即使他在工作方面的表現比不上叱吒風雲的成功人士，也請給他讚美。

這個時候他的喜悅就和妳聽到他說「妳最近變得好可愛～」時，打從心底開心起來的感覺一樣。他可能不是頂尖的企業家，但妳也不是世界第一的美女吧？不要拿自己或周圍的男生來和他做比較，眼裡只有他，讚美他。

對於稱讚對方感到抗拒的女生，多半是下意識將他和等級高的人做比較，所以會覺得「這有什麼好讚美的？」但就像妳希望對方覺得自己可愛，一般而言，男生也想要被伴侶認同自己的能力，在男生的心中，「能力」等於妳希望的「可愛」，請靈活變通。

當工作能力受到批評……

「你這樣效率很差吧？」當工作能力被否定時，他所受到的打擊，就和妳被說「妳就算一個人也能活得很好」而被拋棄時的衝擊一樣。

工作能力越強的女生，越容易對男生提出工作上的批評（雖然對妳來說可能是善意的建議）。但是啊，工作上受到肯定，私底下也被愛的女人，才不會隨便對別人指指點點。

對女生而言，被喜歡的人讚美自己的外表，有一個人可以讓妳依靠、放心撒嬌時，會感到安心與滿足，感到愛情的滋潤。

同樣的，在男性的視角中，「被妳認同＝愛」。因此，為了讓心愛的他也感受到愛的薰陶，請學習當個懂得讚美的女人，妳們的關係才會更加順遂。

當妳滿足了他想要受到肯定的自尊心，在他心裡「**這個女人，我不能放手**」的強烈感覺便油然而生。為了更吸引妳，為了讓妳過得輕鬆，為了不讓妳失望，他將更加竭盡所能地呵護妳，毫不吝惜地把愛都交到妳手上。

讚美不是討好！是讓彼此滿足的力量

如果妳體會過讚美帶來的好處，就不會有「為什麼只有男人需要被肯定！我也很想被稱讚啊！」的偏激想法了。女人比起被讚美工作能力之類的表現，得到超過讚美的愛情，得到他全心全意的付出時，獲得的滿足感更為巨大。

我想再說一次。給予男人讚美和肯定，是引導他愛妳的小技巧。只要這個小小的舉動，就能讓男人得到超乎想像的幸福感。而且不費吹灰之力又不花成本，這麼划算的事情，不實踐看看嗎？

RULE 32

好男人不會從天而降，必須靠自己創造

長得漂亮又能幹的單身女性，最常說的招牌台詞就是：「我希望將來的對象在工作上比我更優秀，是個值得尊敬的人！」

出現了，「值得尊敬的人」的幻想。

講白一點，單身又備受尊敬的男人，會把心思放在妳身上嗎？如果妳一心追求這種「幻想中的男人」，不管到什麼時候都得不到幸福的，請快點死心吧！

工作能力強，腦袋聰敏機靈的妳，是不是一直對男生的條件吹毛求疵？不管遇到對妳多好的男人，在銳利的眼光掃射之下，對方幼稚或是笨拙的地方通通顯現出來，變成妳跟朋友茶餘飯後的聊天話題。

這樣的妳，找得到真愛嗎？

讓我告訴妳吧，那些在妳眼中有著完美對象的女人啊，並不是「找到」了一個好男人，而是「創造」出一個好男人！不要囉嗦一堆有的沒的條件，自己的男人，要靠自己來打造。學會用「讚美」來驅動男人往前進，才是最聰明的方式。

❤創造好男人的五大讚美

❶讚美他的肉體

在他為妳搬重物或是做了一些勞動活之後，請大力稱讚他「你力氣好大喔！」、「你的肌肉果然不一樣」一邊拍拍他的手臂。這樣一來，他會覺得「這是當然的，我很有男子氣概啊！」然後自尊心高漲。相反的，「纖細」之類的字眼不要說出口，很多男性會下意識感到自卑。

❷ 讚美他的聰明

特別是數字邏輯等男生普遍擅長的領域，多稱讚絕對不會錯。在聊天後說一句「和你聊天學到好多」之類的話，大加分！

如果對方是喜歡研究家電或電腦的男生，請多提供他表現的機會。男人不管是誰，都想讓別人覺得自己很有能力（就像我們想要在喜歡的人眼中看起來可愛一樣）。

❸ 讚美他的溫柔體貼

如果他在工作空檔帶了食物慰勞妳，或是，幫妳把該做的事處理好後，假裝若無其事向妳報告「啊，那件事我做好了」的時候，請妳看見他心中那個高喊「**快稱讚我！**」的五歲孩子，笑著對他說「謝謝！你好體貼哦，幫了我大忙」（即使他幫妳做的事有一點莫名）。在他敷衍回答「嗯」的時候，其實內心正雀躍大喊「**太好了！得分！**」（真是可愛啊）。

④ 讚美他的意見

就算和他意見相左，也不要話中帶刺反駁他，試著用開玩笑的語氣提出相反意見吧。「欸~你這樣說是認真的嗎？」、「出現了！大男人主義（笑）」，在這樣說完之後，接著用佩服的語氣說「不過，你的意見和我的觀點不一樣，真的很有意思」來安撫他。不僅可以表達意見，也不會踩到對方的雷，就結果來說絕對不吃虧（聰明的女人，要懂得「輸就是贏」的道理）。

⑤ 讚美他的工作

對男生來說，工作是他們的命。雖然從我們的觀點來看，有時候也會有「明明這樣做更有效率吧？」的疑惑，但請不要隨意評判他的工作，只要跟他說一句「你在工作上總是好努力哦」就好，他會像妳被說「妳總是這麼漂亮呀」一樣開心。

在日常生活中反覆實行這五大讚美，就像幫男生的自信心快充電力一樣，讓他變得更有男子氣概、更值得依賴，他也會因此充滿動力和幹勁，迅速成長為值得尊敬的男子漢！藉由妳的讚美，來打磨他的光芒吧！

追求「值得尊敬的人」的女人，大多對男性抱有過度的幻想。

男人啊，不管到幾歲都是幼稚、自我中心、好色的五歲小孩。如果不接受這個事實，就算和對方交往也會很快幻滅、變得瞧不起對方。面對一個拼命想要展現男子氣概的孩子，難道完全沒有「哎呀，笨拙的樣子真可愛」的寬容嗎？

在這個世界上，的確存在各方面都很完美，值得尊敬的男人。不過這樣得天獨厚的男人，通常對自己的需求也很了解，早早就結婚了。而且那些被稱為「幸運兒」的女朋友或老婆，也都是懂得尊敬人的「男人心高手」。

所以，不要再妄想「值得尊敬的人」出現，光說不練的話，讓五歲兒童變得充滿男子氣概這種事，妳一輩子都辦不到！在妳眼中的男人，將永遠幼稚、任性、不值得依靠。

想和值得尊敬的人在一起，也請妳自己先成為一個懂得尊敬的女人。

如果瞧不起男人，最後也是妳自己一個人孤苦無依罷了。男人和女人本來就是不一樣的生物，必須用不一樣的方式對待。話又說回來，明明只要一點點轉變，就能讓他為妳盡心盡力、奮不顧身，為什麼要拒絕呢？

另外要注意的是，工作能力越強的女人，越容易引來已婚渣男的靠近！假裝理解妳的辛苦、體恤妳背負的責任，嘴巴上體貼說著「一直這麼堅強很累吧？不要勉強自己了」，其實只是想做愛而已，請不要掉入陷阱。

RULE 33

把意見不合的危機，化為魅力倍增的轉機

當兩人的意見不同的時候，就是考驗妳「女主角氣度」的時候了。回想過去，我曾經和當時的男朋友有過以下的對話。

男：「有一個叫烤米棒的名產吧？在名古屋。」

我：「不是不是……那個是秋田名產。」

男：「不是吧，是名古屋啦，沾味噌來吃的（笑）。」

眼前帶著笑意的前男友，不知為何讓當時的我超級火大，於是，開始用強勢的語氣展開反擊。

我：「我就說是秋田！你連這種事都不知道嗎？（用電腦搜尋）你看！」

男：「……欸~（臉色很難看）」

我：「你每次都覺得是我的錯！之前也是這樣……」

現在回想起來，我有話想對當時的自己說。

連一點點意見相左，或是判斷錯誤都不允許，動不動怒氣沖沖反駁「**我沒有錯！**」，不斷用攻擊性的言語逼對方認輸……這樣的妳，一點魅力都沒有。因為一些小事就火冒三丈的女人，完全不可愛（真是一段黑歷史）。

兩個人交往，當然會有意見不合的時候（雖然烤米棒單純只是他搞錯了）。一定有人跟過去的我一樣，是屬於又凶又挑釁的類型，心想著「**絕對要駁倒那個意見**」而盛氣凌人。一定也有人是完全相反，擔心被喜歡的人討厭而過度配合對方的類型。但不管哪種應對方式，都不聰明。

其實男生並不是無法接受別人反駁，重要的是說話的方式。

只要遵守幾個原則就行了。接下來我要傳授大家，可以徹底把意見表達出來，而且還能讓對方覺得妳很有魅力的方式，推薦大家試試看！

♥和男性意見相左時的應對方式

① 若無其事，當作什麼事都沒發生

每次爭吵過後冷靜下來，就會發現那些讓妳們火大互嗆的事情，幾乎都是和人生沒有關係，怎樣都好的小事！與其為了這些事情怒火沖沖，試圖把對方擊倒，不如想辦法讓對方更愛妳更有意義。下次遇到同樣的情況時，隨口說句「這樣子呀」若無其事帶過就好。

② 假裝是聽說的，悄悄提供資訊

當他做出了錯誤的判斷，或是搞錯一些小事時，輕描淡寫告訴他「哦～我之前聽人家說是這樣，所以我一直以為是這樣耶。」等他自己查證過後，就會發現答案了。如果他用得意洋洋的表情來跟妳說他查到的正解，笑著跟他說「謝謝你告訴我～」再次輕描淡寫帶過吧。

3 用開玩笑的口氣輕鬆反駁

男生們意外喜歡這樣的方式。「真的嗎？前陣子你不是這樣說的嗎～」笑呵呵地用手肘蹭蹭他，半開玩笑地吐槽。男生很喜歡這樣一邊裝傻說「有嗎？我沒說過吧？」一邊和妳調侃互動。懂得開玩笑的女生，在男人眼中有著從容不迫的魅力。

4 若無其事的表達意見

「欸？吃中華料理？我怕辣啦，對不起」、「今天工作好累不想出門，在家放鬆一下好嗎？」、「今天肚子好痛沒辦法……如果明天就可以哦♡（18禁）」之類的，誠實把理由說出來，並提出別的建議。當妳若無其事表達了自己的意見後，男生通常也會說「這樣呀」就坦率接受。順帶一提，關於18禁的行為，如果具體告知對方「明天可以」就請務必遵守約定，因為這是很容易讓男人受傷的重點，千萬要小心處理！

動不動暴跳如雷，或是唯唯諾諾看他臉色的女人，在男生眼中都沒有魅力。

表現得開朗大方，以若無其事的態度、半開玩笑表達意見的女生，才能留下從容不迫的好印象（當然，若無其事表現出厭惡感是不行的）。為了有效減少兩人之間不必要的口角和摩擦，請一定要學會用正確的方式表達哦！

站在男朋友的立場，如果他以前的戀愛經驗中，要不是被女朋友們說的話刺傷，就是背負著對方過度迎合的壓力，那麼，當他看到妳的舉動時，就會有「**這個女孩是可以說真心話的少見女孩啊～**」的感動。

當個可以把事情說清楚，不會亂發脾氣或莫名其妙討好他的女朋友，他也會逐漸打開心房，把很多事對妳坦白。

渴望和男友心意相通的妳，請把握兩人意見不合的時機，越是表現得從容不迫，越能讓妳的魅力值快速提升喔！

RULE 34

「做自己」有可能幻滅，也有可能加分！

當我開始在網路上發表女性魅力的貼文後，曾經收過讀者這樣的意見——「想要在他面前表現出魅力，結果失去了真實的自我，好痛苦……」

有這種煩惱的女孩，通常都是有點笨拙卻無比認真的可愛女孩。「**為了表現出魅力，這個不能做，那個也不能做！**」顧慮太多的情況下，行為舉止反而變得生硬不自然，造成魅力度下降（哭）。

雖然如此，但完完全全表現出本來的自己，並不會給男生怦然心動的感覺。「魅力」可以讓女人更加閃閃發光。因此，必須掌握「適度展現自我」的訣竅，掩蓋讓男人幻滅的部分，同時把有「加分作用」的自我表現出來，才能讓妳在他眼中閃動耀眼光芒。

表現加分的「自我」，隱藏令人幻滅的一面

❶ 生活層面

【令人幻滅的自我】

生理用品亂放、房間東西到處亂丟、包包裡亂七八糟（這個常常會被看到哦）、髒兮兮的化妝品、夾雜一堆頭髮的梳子、起滿毛球的家居服等，這些看起來邋遢懶散的景象，請不要讓他看到。

【加分的自我】

素顏、適度整理過的房間（不用到超級乾淨）、穿著家居服的樣子（要重視清潔感），表現出真實但乾淨的自然感，不但不會造成反感，還可以讓對方有「原來她私下是這樣子……」的加分作用。生理痛的時候，也可以坦率撒嬌哦。

② 情緒層面

【令人幻滅的自我】

歇斯底里、説別人壞話、輕視其他女生「也沒有多可愛啊」、老是抱怨個沒完、哭哭啼啼指責他、拐彎抹角罵他、莫名其妙發脾氣「反正你也不喜歡我吧？」等等，把性格上的缺點完全曝露出來的女人，讓人超級幻滅。

【加分的自我】

不小心發了脾氣的話，請馬上反省並道歉。生氣想抱怨他人的時候，不要鉅細靡遺數落對方，簡單説句「好過分哦」、「她好可怕」、「我覺得很受傷」就好（這樣的話，他還會幫妳説話）。如果男友做錯事不要責備他，而是以「因為會傷害到我，請不要這麼做」的角度反應。對於討厭的事清楚説「我不喜歡」，不論是喜悅的眼淚或受到打擊而落淚（但請不要哭哭啼啼責備對方），這些自然流露的情緒，都可以在他面前表現出來。

❸發生18禁行為時

【令人幻滅的自我】

不要第一次和他上床就表現得很熟練，脫光光也不害羞。但是太過害羞到堅持一盞燈都不能留也不好，也不要穿著破舊、肉色的內衣褲，或是任憑腋下或私密處雜毛叢生，表現出太過刻意的演技或完全沒反應、一直沒自信說「我的身材不好」（女人的身體是寶貝！要有「**讓你看我的身體是對你的特別禮遇**」的想法！），這些行為都會讓男人的衝動瞬間滅火。

【加分的自我】

臉紅、害羞、「**我不知不覺就興奮了起來♡**」、不做多餘的演技、忍不住出聲央求希望他如何如何……像這樣表現出自然煽情的一面吧。

雖然列舉了這麼多，但最讓妳痛苦的，大概還是情感上的問題吧。內心滿溢而出，幾乎快要壓抑不住「好寂寞」、「好想見你」的情緒。此時此刻，妳一定要注意「不要責備對方」和「好好撒嬌」這兩大重點。

男生對責備超敏感，即使妳沒有那個意思，但只要讓他感覺自己受到指責，就會瞬間覺得妳很麻煩。

想要對男生傳達自己的感情，首先，請成為一個不依賴愛情、獨立自主的女人。然後，讓自己處於「被追求」的立場。只要站在這個立場上，所有的不滿都會立即消失。

再也不用忍耐想見對方的心情，可以直接說出「為什麼不來看我？」這種話。不會唸個幾句就被嫌囉嗦，說不定對方反而更愛妳。不能講真心話、不能做自己的煩惱也都和妳無緣。女生在被愛的時候會變得從容自在，自然表現出「加分」的一面，讓自己看起來閃閃發光。

屬於自己的魅力，必須好好把握！

妳覺得妳的優點是什麼？溫柔？對他人親切？文靜穩重？性感？頭腦轉得快？明明很堅強卻愛撒嬌？還是有一點毒舌，或是容易感動？

如果他想和妳交往，一定是妳身上有讓他迷戀的地方。請把那個部分找出來，永遠珍惜。即使有一點違反大家對「魅力」的印象也沒關係，只要是讓他著迷的地方，就不需要改變。

順便一提，我每次都被說「很有個性」，已經到了聽到相同的評語，就會忍不住心想「我沒有其他特色了嗎？」的程度。在異性面前講話有點毒舌又愛吐槽，喜歡開一些高姿態的玩笑（對同性卻不會這樣）。不過呢，我以前一談戀愛就會下意識改掉這個部分，心想「**這種個性搞不好會被討厭？**」。結果，就像各位猜的一樣（笑）。擁有鮮明特色的女生，請保有自己本來的特色吧！

CHAPTER

7

在社群時代，愛情沒有距離

LOVE

RULE 35

男人在LINE上聯絡，女人在LINE上交換靈魂

隨著社群網站和軟體的登場，戀愛複雜化的時代來臨了。

現在四十歲左右的熟女們紛紛表示：「**還好我年輕的時候沒有社群軟體！不然絕對會搞砸**」，但是，身為戀愛班長的我，並不推崇懷舊主義！既然要在這個時代中談戀愛，就要學習在社群網站上發揮魅力的方法。

請記得，男生對「唯一女主角」的訊息，絕對不可能一整天放著不回，就算很忙也會趁空檔回覆，或是自顧自跟妳報備自己的行蹤。但這可不是判斷對方愛不愛妳的依據哦，因為對「渣男」來說，三不五時傳個訊息也不是什麼難事（不用說妳應該也知道）。

不過即使排除這些狀況，我們女人啊，還是太過依賴訊息了！彷彿必須藉由大量的對話交流，才能加深彼此的關係。

女生之間的友情也是如此。在通訊軟體上和閨蜜們開群組聊天，沉浸在「**我們是知心好友哦**」的安心感中，在虛擬的空間裡成為最了解彼此的靈魂伴侶。但是，請不要天真地把這套交友模式，套用在戀情的發展上，想要靠通訊軟體加深和對方的牽絆是行不通的。

對男生來說，社群軟體終歸只是聯絡方式的一種。如果不看清這一點，身為女人的我們很容易太過在意對方的回應，「**和我想的不一樣**」、「**他過好久才已讀**」用放大鏡檢視每個細節，搞得自己焦慮不安！

結果呢，自找的壓力膨脹得鼓鼓的，如果在約會時一不小心引爆的話，就會成為男人眼中「現在是在找我碴嗎？」的行徑。放過自己也放過對方吧，為了避免在對方心中瞬間幻滅，希望各位女孩們都能學會「社群軟體的應對方法」。

使用社群軟體的7大重點

❶ 停止報備自己的行蹤

沒有見面的時候，幫自己保有一點神祕感，「不知道她正在做什麼？」留給對方想像的空間。想著妳，念著妳，對妳依戀越來越深。

「我今天去這裡吃飯！」、「我正在和朋友聚會～（附照片）」、「這是我今天的午餐☆」報告這些瑣事一點都不有趣，只會讓他對妳的熱度下降，請省下這個力氣。

❷ 訊息不可以秒讀秒回

每次，螢幕一跳出他的訊息，就立刻以「秒速」讀取回覆的妳，請改掉這個習慣！這樣會讓他有「我對她來說無可取代！」的感覺，反正妳跑不掉，就不用太小心對待了。

所以，為了不要減低男生想追求妳的心情，請隔30分鐘～2小時以上再回訊息吧（但不是絕對，遇到緊急情況或是正在聊天時，還是要回哦！）總而言之，不要太積極就對了。

❸ 避免充滿愛意的長篇大論

「一定要讓他更了解我的事才行！」抱持著這樣的想法，拼命把對他的感覺、今天約會回顧，統統寫成心意滿滿的文章。

那些塞滿了「我的心情」的文字，從男生的觀點來看，沉重無比！請注意，**社群軟體上的訊息要以簡短、開朗、自在為主。**

❹ 語音通話以5分鐘為限

如果講了很久電話，很多男生就會因此滿足了！

不管是電話或是社群軟體的語音通話，聽見對方的聲音的確很開心，不過，請把握**最長不超過5分鐘的原則，時間差不多後，就由妳跟對方說「好啦，我們再聯絡哦」然後掛上電話**，讓他有**「還沒講夠啊」**的不滿足感，才會想要趕快把妳約出去。

❺ 不要在網路上宣揚自己的魅力

再說一次，社群軟體對男生來說只是聯絡方式。所以，不要白費心力在網路上不斷強調自己是多好的女人，很多女生有這個習慣，但說穿了都是白忙一場。想要展現自己的女性魅力嗎？請在約會碰面時好好表現吧。

❻ 嚴禁過度解讀訊息

「他說這句話是什麼意思？（淚）」像這樣讓女生感到不安的內容，幾乎都是過度猜疑導致的。不要每句話都往心裡去，一受到刺激就馬上截圖傳給朋友討論，只會讓自己更不安而已。

❼ 自拍照自己收藏就好

不斷發自拍照給對方的行為，完全就是「我超迷戀你！」的迷妹表現。強調再強調，不要破壞自己的神祕感，物以稀為貴啊！妳的樣子，只有實際付出行動、約妳出去的男生才看得到（想見我就來約我吧！）。

最好在剛開始認識的時候，就先表明「我不太常看手機」，幫他建立好「想和這個女人聯絡，只能透過約會見面」的心態。與其每天積極傳訊息，被已讀未讀搞得團團轉，看到他說「我現在好想見妳，可以去看妳嗎？」的戀愛，不是更令人怦然心動嗎？

好不容易碰面後，看到對方臉上明顯寫著「**我好想妳！**」被他不顧一切擁抱在懷裡的感覺，比用手機談戀愛好一百萬倍。

見面時徹底實施本書裡所寫的追愛法則，打扮成他喜歡的模樣，用充滿女性魅力的方式應對讓他對妳更著迷。沒有見面時，則保持適當神秘感，給他「**啊，好想快點再見到她！**」的急躁。

我們女人在戀愛中不斷追求的「互相了解」或「共識」，都不是在社群軟體上聊聊天就有的。請讓他對妳更加著迷，在他懷抱著對妳的愛意前來時創造吧！

所以啦，這個訊息的回覆，請再等三小時！

RULE 36

「少就是多」的社群撩心術

把自己所有的資訊全部上傳社群的女人，就和在十字路口裸體跳舞一樣。推特、IG、臉書都一樣，強烈奉勸大家不要把自己的情報曝光。

請多站在男性的角度，想像「他眼中的我」。

為了維護形象，接下來要跟大家分享幾項在社群上容易令人幻滅的行為。

♥ 在社群上容易讓人幻滅的行為

❶ 買名牌等炫富行程

避免在社群上不斷分享自己買了什麼精品、去高級餐廳吃飯，或是參加昂貴的旅行等花費很高的行程。老實告訴大家，我收到很多男性讀者的私訊，告訴我他們「本來對這女孩很感興趣，結果被她IG上每天的奢華生活嚇一大跳。也太有錢了吧，該不會有在援交或是陪酒吧？」聽起來很荒謬，但我真的收到超多！

❷ 上傳每天的行蹤

如果妳和什麼朋友、什麼時候、在哪裡、正在做什麼，全部一目瞭然公開在網路上，或是鉅細靡遺跟他報備，妳的神祕感大大消退之外，還有可能出現「**她明明正跟朋友吃飯，還是秒回我訊息，一定是很愛我吧！**」的情況，讓他覺得妳是倒貼的女人。

❸ 抱怨牢騷大轟炸

約會時好不容易營造出「好女人」的形象，如果被他看到妳在網路上大肆發牢騷抱怨或是狂說別人壞話的貼文，沒救了，形象瞬間崩盤，他一定會在心中震驚「**她原來是這樣負面的人**」。

❹ 加入網路口水戰

有些人很喜歡回應網路上的貼文，但如果被對方看到妳到處反駁陌生人的觀點，甚至口出惡言，就會給人很愛找麻煩的感覺。所以啊，請不要做這種事，不要以為沒人知道，現在網路上幾乎沒有祕密。

❺ 巴結討好名人

對於在藝人、網紅等知名人物的社群上不斷說好話稱讚、巴結的女人，男生通常會下意識感到反感，熱切的愛意很容易冷卻下來。

❻ 修圖修很大的照片

「欸，這不是本人吧？」、「哎呀，背景歪得好厲害（笑）。」修圖不是壞事，但修得太過火就會變笑話。男人都是這樣的，明明喜歡看美女，卻對修圖這件事很感冒，特別是年紀稍長的熟男，更是如此。

❼ 不要一直發佈下半身的情報

「生理期真的好痛苦」、「月經是女生的日子，必須好好放鬆一下

♪」、「已經三天沒便便了」……不好意思，這些資訊男生才不想知道！不要說魅力了，根本一點女人味都沒有。如果妳真心讓對方愛上妳的話，關於女性經期等下半身資訊，請不要發佈到網路上！

⑧ 不斷強調自己的陰暗面（負面情緒）

老是在網路上抒發自己的鬱悶，營造出沉重感的女生，會讓認真的男生忍不住迴避。大概只有想趁妳內心出現裂縫時趁虛而入的「渣男」會蜂擁而至吧。

⑨ 和前男友的合照

請立即刪除（臉書可以改成不公開，IG也能移動到典藏裡）。

⑩ 政治色彩很強的貼文

關於政治的話題總是特別敏感，而且充滿政治意味的貼文，也很容易給人煩躁的感覺。

使用社群網站的基本須知

1. 不要成為被社群綁架的女人！（如果妳不是以這個來賺錢的話）
2. 學會只發佈光明面的智慧！（只有想讓別人知道的資訊才要放上網）
3. 喜歡用社群記錄生活的話，可以設隱私不讓他看到。

我講過很多次，男生在沒有和妳見面的期間，可以藉由幻想妳的事，讓愛意變成更加深厚。換句話說，「無法見面的時候，反而是培育愛的時間」。

來設想一個情境。如果對方在等待妳回覆訊息時，一邊滑手機一邊想著：

「不知道她現在在幹麻？」

「她平常都在做什麼呢？」

「不知道她在想些什麼事？」

「朋友都是些怎麼樣的人？」

「會喝酒嗎？」

「穿泳衣是什麼樣子？」

「對了！來看看她的推特吧！」

然後，看了妳的推特帳號後，哎呀呀，嚇了一跳！每一篇都洋洋灑灑寫著對工作的不滿，不然就是到處吹捧名人，或是流水帳似地記錄午餐、回家時間、正在看的電視節目……

每天把自己的一舉一動搬上社群網站的女人，哪裡還有什麼神祕感？

「欸～這樣不就什麼貼文都不能發了嗎？」妳是不是覺得談戀愛好難？老實說，這樣的感覺就對了。偶～爾上傳一下適度修圖的自己和朋友的合照，短短寫個「好開心♡」，或是上傳一些花和風景照就可以了。

社群網站，放些漂亮的照片就好，或是一點點的個人情報。在網路時代裡，社群就是形象，光是發文就足以影響妳被愛的程度。只要領略到這點，就會知道從今天開始，必須更認真篩選發文內容！

在網路上得到的情報越少，越能夠讓他變得急躁，「**可惡~訊息不認真回，看社群網站也不知道她在做什麼！**」這種慾求不滿的感覺，是讓戀愛之心高漲的捷徑♡一定要激起他「**我想知道更多，更多更多！**」的慾望才行。

如果想要享受社群樂趣的話，請開一個祕密帳號，做好隱私設定吧（笑）。為了充實社群版面，在約會時不斷拍照、滑手機的模樣，看起來一點也不美麗！面對爽朗笑著說「我對社群不太感興趣。」的女生，男生反而會覺得很特別，好像很聰明的樣子，「**看吧！我愛上的女人果然不一樣！**」，然後越來越著戀。

想要讓對方愛上妳的話，就別再追求空泛的追蹤人數了，聰明運用「少就是多」的社群經營法，才是啟動戀愛心的關鍵。

RULE 37

詔告天下的放閃習慣，必須嚴格禁止！

平常透過網路私訊我，找我諮詢戀愛問題的男女網友中，有很大的比例都是遇到社群相關的困擾。值得討論的是，同樣牽涉到社群，男生和女生之間的角度卻天差地遠。

來自女生們的問題，大多是「他明明更新了限時動態，卻沒有讀我訊息！」、「他在性感女星的帳號上按了讚！」、「他說聚會只有男人，結果我看他朋友限時動態的照片，卻發現有女人！（怒）」，都是這種在社群上發覺蛛絲馬跡，變得焦慮不安的情況。

但反觀男生，卻壓倒性以「請幫幫我……我女朋友一直把我們的事情公開在社群上！」的求救訊號為主，對於女朋友透過社群施加的壓力感到害怕退怯。

女孩們，聽到了嗎？

用社群監視或是約束男友非但沒有效果，還會讓他對妳的愛意逐漸冷卻，可能哪一天，妳就因此失去「唯一女主角」的寶座了！

如果不想讓他因為害怕而逃離，想要持續當「唯一女主角」的話，最起碼，也要懂得尊重對方的心情，不要成為一個利用社群施壓的女人。

為了守護彼此的愛，如果妳有以下的行為，請立即改掉！

最好立刻改掉的社群習慣

❶ 做什麼事都貼上「我的他」的標籤

悄悄偷拍他（脖子以下或只有手也包含在內），雖然寫著「起司辣炒雞超好吃～♪」之類的不相干文字，卻標注他的名字後上傳（即使沒有加標注也不行！）

當他發現這個發文的時候，會這樣子想吧。

「呃！我怎麼被tag了？（汗）」

當男生被女生標記上「我的男人」之後，想要追求的狩獵本能就會大幅消退，戀愛的心情也瞬間被撲滅！

❷ 時常發佈充滿愛意的詩文

「一直害怕相信的自己，已説再見。」

「原來眼淚流得越多，就能越得到幸福。我相信，那是因為你。」

「一直以來坦率活著的我，神一定都看在眼裡了。」

放一張兩個馬克杯並排的照片，寫上洋溢戀愛氣息的詩句。

這樣的行為，基本上就是在等人家問「最近交男朋友了嗎？」的意思。雖然在價值觀上覺得發合照很俗氣，但又想要透漏一些訊息。像這種自尊心高、自我意識強的女孩，很容易讓人壓力山大。

男生看到這種情詩般的發文，很有可能因為「**她出乎預料地對愛情一頭熱啊……**」的沉重感而退縮，所以，請改掉吧。

③【大地雷】擅自公開設定「交往中」

有些社群網站可以設定交往狀態。變更好設定後上傳倆人合照，「A小姐和B先生從二〇一九年四月開始交往中」的動態，立即大大公開顯示在自己和對方所有好友的動態牆上。

這種沒有問過對方意願就擅自發公告的舉動，就像是在對男朋友和他周圍的女性宣告「這傢伙是我的男人！知道了嗎？」的示威行為。

這樣的事一做，男人的面子全沒了！

「哇啊～騙人的吧？等一下親戚和同事又要看笑話了……」

愛耍帥的男人心受了傷，愛就會冷卻下來。雖然不能說每個男人都這樣，的確也有不在意的人。但實際上，光是來找我諮詢的情侶中，就有好幾對是在女方無預警公開後，男生就提分手了（雙手合十默哀）。

如果想要把倆人之間的交往狀態公開，請先徵求對方同意！

男生會在見不到面的時候培養感情，在追求的時候更愛對方。換句話說，女生「積極倒追」的行為，在男生的眼中看起來就是這樣子：

「我打從心裡喜歡你♡快來愛我吧，一起打造只有我們兩個人的美好世界！」

面對這樣毫不掩飾的愛意，男生完全不會被打動，心裡大概只會浮現「太沉重了！我要趕快逃跑！」的本能反應，嚇得發抖。

所以，千萬不要沉淪為沒有追求價值、社群中毒的恐怖女人！為了放閃或是警惕、抒發等任何原因，動不動把倆人之間的事公告到網路上的行為，愚蠢到了極點！這種行為唯一的作用，就只有讓對方厭惡而已。

「妳都不寫一點我的事嗎？好孤單哦！」技巧高明的人還可以做到讓對方這樣主動提起。然後，就用招牌台詞「我對社群網站沒什麼興趣啦」一邊回應，一邊摸摸他的臉頰，給他秀秀一下吧♡

CHAPTER

8

走出失戀，
重返戀愛舞台

LOVE

RULE 38

修補在失戀中破碎的心

「就是這個人了，我想和他結婚！」心底都已經這麼認定了，沒想到……被甩了。拼命喝酒也沒用，隔天醒來頭痛欲裂的宿醉，反而讓自己感覺更悲慘了……頭好痛，心也好痛！

我到底哪裡不好？剛交往的時候明明那麼愛我，從什麼時候開始變心的？桌上散亂倒著酒瓶，從窗簾縫隙射進來的陽光和蟬叫聲讓人不得安寧。今天是星期六，本來是我每個禮拜最期待，為了約會而忙碌的日子……

就在此刻，手機跳出了他朋友的限時動態。我在狂歡的照片裡發現了開心喝著酒的他。開玩笑的吧，他身邊有個沒見過的女人！

太崩潰了！拜託，快一點，讓我從這個消沉的心情中逃脫出來吧！我還能得

到幸福嗎？會不會一生都走不出來……真是太可悲了，好痛苦。

徹底失戀了，懷抱著被撕碎的心過著日子，光是維持人模人樣去工作或上學，就已經耗盡了一切心力。我以前也經歷過幾次這樣撕心裂肺的失戀。

首先，我想要給即使精疲力竭，依然努力正常生活的人一個肯定。妳做得很好，真的！對剛失戀的人來說，想要重新站起來不容易。但也正因為如此，我們更要勉強自己去努力，才能更快從谷底爬起來。

接下來想要跟大家分享的，是雖然很難，但確實可以讓自己更快復原的方法，請咬緊牙根實踐看看吧。

❤失戀後的快速修復法

❶刪除對方的聯絡方式

把他的IG、推特、臉書、LINE都刪掉，共通好友也刪掉，或設定為不顯示。不可以依依不捨，因為在這個階段，不管對方發了什麼，妳都只會覺得對方「**好像過得很開心**」、「**交新女朋友了？**」暗自傷心而已。不要去碰觸傷口，結痂的速度才會快。而且當刪除、封鎖了所有聯繫的管道，手機跳出訊息或LINE通知的時候，就不會有「**搞不好是他後悔了！唉，不是……**」這樣以為有復合可能，然後瞬間破滅的失落感。

❷只和信賴的朋友見面

就是有這種人，完全沒有顧慮到妳的痛苦，在旁邊說些風涼話「我男友現在雖然很好，但不知道之後會不會也做出這種事來～」有意無意展現出優越感，在妳的傷口上灑鹽。不管對方有心無心，請暫時不要和可能說這種話的女孩見面！請選擇能夠真正給妳安慰的朋友聊天。

③ 改變形象

為他而選的衣服、內衣褲，賣掉，或全部丟掉！

女生一旦改變外在，就會宛如新生成另一個人。試試不同的妝容或風格，把不甘心和痛苦全部丟掉，提高女人味！透過研究怎麼改變形象，也可以趁機轉移自己的注意力。

④ 嘗試新的戀情

與其在家裡發呆，不如去尋找下一段戀情！如果妳已經看過這本書，也可以實際演練本書中提到的方式，不論是和新認識的對象見面、約會、聯誼都好，請抱持著開放的態度，勇敢嘗試。

⑤ 沮喪的時候，一個人去KTV也可以

如果沒辦法擺脫沮喪的情緒，千萬不要關在家裡鬱鬱寡歡。去KTV唱唱歌，大聲哭喊，將心裡的苦悶吶喊出來吧（但嚴禁酗酒）。

想要從失戀中振作，並且得到幸福的話，窩在家裡是不行的！如果一直待在家裡，就會不斷想起妳們之間的過往，陷入更深的悲傷之中。

從生活中消除他的影子（❶），改變形象，讓自己煥然一新（❸），進行新的戀愛活動（❹）。至少這三項，請強迫自己進行。

失戀很痛苦，但不要放棄希望，只要努力不懈，很快就會有新的機會展開，遇到可以把妳當「唯一女主角」對待的他（我就是這樣走過來的）。

不和惡緣斷絕往來，良緣就不會到來。

我想把這句話，送給失戀中的人。像這種沒辦法讓我們幸福的男人，不管怎麼看，都是應該斷開的惡緣。接近他，只會粉身碎骨！

RULE 39

反省失敗的原因，才能重獲新生

等失戀的痛苦逐漸平復後，有一件事希望妳一定要做。

那就是，展開「女主角的檢討大會」。

有些人總是反覆和差不多的「渣男」交往，然後以差不多的理由被甩，不斷陷入「渣男輪迴」中。妳身邊有這樣的朋友嗎？或者，妳本身就是這樣的人呢？

在戀情中完全感覺不到對方的珍惜，妳單方面不斷付出卻得不到回應。明明剛開始情投意合，為什麼他的心卻漸漸關上了門？相處變成相殺，所有的愛在反覆爭執中都被磨得尖銳傷人。

我自己就是典型的例子。熱戀期大約可以維持一年半左右，但在這之後，對方和我說的話就會漸漸減少，看不透他在想什麼，彷彿站在離我很遠的地方。我因為寂寞和不安全感變得歇斯底里、無理取鬧，倆人的關係也因此更加惡化。

每次每次，百試不厭，我的戀情都是以這樣的模式結束。

一直到某次失戀後我認真檢討了自己，才終於驚覺，大概是那些歇斯底里的模樣讓我在對方眼中「失去資格」的吧？我找到了失敗的癥結點，並成功逆轉了失敗的模式。

問題沒有解決，往後也只會重蹈覆轍。所以，希望大家在失戀後一定要展開「女主角檢討大會」。為了讓接下來的演出更光彩奪目，為了在下次戀情中抓住幸福，「反省」是一定要做的事。

在失敗戀情後的「女主角檢討大會」

❶ 找出在對方眼中「幻滅」的原因

就像我在前面章節所說的，請不要被「感情越吵越好」這句話給騙了！妳是屬於「歇斯底里派」呢？還是「被害者情節派」呢？首先，要先了解自己是哪一種傾向，或是兩種都有。

❷ 檢視自己的不安感

「男人不能信任！」這個根深柢固的想法若不拔除，即使遇到把妳當「唯一女主角」對待的人，妳也會懷疑對方居心叵測。妳內心的不安感是從哪裡來的呢？試著挖掘自己封存的記憶吧。前男友無情又差勁的態度、小時候父母說過的話、家裡爭執不休的場景……都有可能是原因。

③停止責備自己

「每次談戀愛都不順，一定是我缺乏魅力的關係」曾經這樣想過的女孩們，仔細聽好——沒有「缺乏魅力」這回事，只是妳不懂戀愛的方法而已。請改變消極的想法，努力成為更好的自己。

④多喜歡自己一點

據說常常主動倒追的女性，普遍自我認同感較低，所以一旦對方開始理睬自己，反而會有「**他竟然喜歡像我這樣的人，也不是什麼了不起的男人嘛……**」的自虐想法。

但在我看來，自我認同感低，是因為沒有認真努力喜歡自己。不論是追人還是被追，如果自己都不喜歡自己，當然很難真心誠意付出。

不先找出不安感的源頭，就無法從「失戀循環」中逃脫！每次失敗不反省自

己，不「找到問題、解決問題」的話，即使挑戰下一段戀情，得到同樣結果的機率自然很高。

不要被困在孩提時代的傷痕中

原生家庭對戀愛觀的影響，遠比我們想像中來得深。

以我的情況來說，父母在我小時候就離婚了，我的童年，是在聽母親不斷提及「我們被拋棄了」的言語，以及父親的壞話中成長。

離婚讓母親受的傷太重，心中的痛苦遲遲無法消化。現在我長大了，同樣身為女性，我很能夠理解母親的傷痛。但小時候的我沒有分辨的能力，對這些話語完全照單全收，「男人總有一天會背叛妳，就連親生女兒都會拋棄。」對男人的不信任，根深蒂固。

矛盾的是，即使心裡想著「**男人沒一個好東西**」，但還是有一部分的我，一直在尋找一個可以取代父親，無償愛我的男人。因為這樣，我交往的對方大多是溫柔體貼的類型。但是，我卻反覆以「歇斯底里」來測試這份溫柔。

直到某一次反省自己的時候，我才終於認真和心裡的自己面對面，弄清楚戀情老是失敗的原因。我看見了內心那個，受著傷、流著眼淚哭訴「**好痛苦，好寂寞**」的小時候的自己，並且替她治癒了傷口。

至於，總是小心翼翼，把自己當成「被害者」類型的女孩，很有可能是從小一直被父母要求當個乖小孩，在青春期時被說是「醜女」，或是曾經被霸凌、老是抓不到要領被罵「笨蛋」的人（順便一提，我以前是讀書和運動都吊車尾，是在校園中長期受到霸凌的小孩）。

檢視自己的過往，找出不安全感的來源，應該能發現造成妳罹患「像我這樣的人……」病症的傷口。

抱持著「**反正像我這樣的人**」、「**男人不是好東西**」的想法，無法相信幸福而痛苦的妳。不要害怕，現在，妳已經可以得到幸福了。

就算曾經受過傷、遭遇過不平等對待，就算連親生父母都不愛自己，這些，都和現在的妳的價值，沒有任何關係！不要受限在「反正像我這樣的人」的病中，幸福是靠自己爭取來的。好好活在當下，幸福遲早會來臨。

RULE

40

失戀，只是一種捨不得

在失戀中一蹶不振的人，大多是被甩的那一方。對於非自願斷掉的感情，依依不捨是理所當然的，不需要覺得自己「好不爭氣」、「為什麼這麼軟弱」等，抱有莫名的罪惡感。

通常女生在結束一段感情之前會不斷考慮再考慮，「**先觀察一陣子再說吧**」，等好一段時間又過去之後真的覺得「**這樣不行**」，才提分手。

當然也有些戀情的降溫沒有徵兆，連自己都搞不清楚是在哪個時間點，悄悄熄滅了烈火。我曾經聽我朋友說過，她有一天看著對方的背影，猛然感覺到「啊，這個人不是我命中注定的對象」，在這之後，熱情就像大霧散開一樣，消失無蹤。

但如果不是上述兩種狀況，而是在依然深愛對方時突然被提分手，就會受到很大的打擊，腦中不斷浮現很多想做、但還沒做過的事情，在悲傷中遲遲不能自己。遺憾越多的戀情，越是有這種強烈的感覺。

此刻妳需要的，就是釐清情緒。有時候困住我們的不是愛情，而是從來不及完成的事情中延伸出的「遺憾」。不鼓起勇氣分析自己的悲傷，把心情整理好是不行的。一直深深沉浸在「我好喜歡他」的泥沼中，就會無法向前走。

暫時擺脫不了失戀的情緒也沒有關係，就算已經失戀一個月了也可以，請試著客觀審視自己的狀況，冷靜思考對方是否有讓妳念念不忘的價值。

失戀後的法則——認清現實、釐清悲傷、放下執念

❶ 把自己和閨蜜的角色互換

試著想像自己的狀況，如果套用在閨蜜或是姊妹身上，當她們被這樣對待時，妳會說什麼？「他一定會再回到妳身邊的！」、「還有希望就不要放棄！」妳會這樣說嗎？還是說「趕快死心吧！他太過分了」？跳脫自己，從另一個角度來思考，通常可以得到比較客觀的答案。

❷ 寫下交往時不好的回憶

分手之後，我們很容易被不捨的情緒牽引，不斷想起倆人在一起的美好畫面，將過去無條件美化。請試著背道而行，把被他傷害過，或是交往時感到厭煩的事情條列出來吧。妳會發現其實你們之間，並沒有想像中完美無缺。

❸ 設想他知道妳懷孕了的反應

這是遇到「渣男」時很好分辨的方式之一。想像一下，如果他發現妳懷了孩子，會有什麼表情？妳的直覺告訴妳，他會開心，還是困擾、難以置信？如果連妳都不覺得他會開心，那還是趁早放棄吧。

❹ 回想妳不舒服時他的反應

剛開始交往的熱戀期不算，在妳們交往到後期的時候，如果妳身體不舒服，他會做什麼反應？是覺得麻煩，意思意思關心一下，還是盡力照顧妳？從對方的態度就可以知道，這個人對妳是不是真心的。

妳，是不是還卡在失戀的深淵中呢？明明已經過了半年，甚至一年、二年，依然無法把他的事忘掉。夜深人靜的時候，腦中不由自主重複「**我到底哪裡做錯了？那個時候該怎麼做才對？**」的胡思亂想，即使和其他男生約會也忍不住默默在心裡比較「**還是和他約會比較開心**」，在街上聽到充滿倆人回憶的歌，瞬間熱淚盈眶……。

「那個人，好像交新女朋友了」從共同朋友口中聽到這個消息時，受到的打擊讓妳幾乎站不起來……**「他應該只是一時沒想清楚，總有一天會回到我身邊的」**甚至出現這種自欺欺人的想法。每天過著心臟像被緊緊糾住一樣，痛到無可奈何的日子。

「失戀後的法則」沒有辦法讓妳立即痊癒，但可以幫助妳冷靜思考。當我們用客觀的角度看待這段往日戀情時，更能看清楚自己所受的傷。如果在交往過程中受到過分的對待，也可以透過這樣的檢視，回想起對方不好的一面。這些也許都是妳早就發現的事情，只是害怕去承認……

剛交往時的那個他，已經回不來了，請不要被束縛在熱戀時期的回憶中。

分手後忘不了對方的心情，我非常清楚。只有自己照不到陽光，像是在陰沉沉昏暗的天空下過日子。不要灰心，有很多人和我們一樣，曾經受過同樣的痛苦，卻能往前邁進。當新的幸福出現時，我們就會發現「如果不是和前男友分手，就遇不到現任男友這麼棒的人了，他很珍惜我！」所有的過去都是為了更美好的將來，不要將就不夠格的「配角」，只有把妳當「唯一女主角」對待的「男主角」才配得上妳。

放棄了他，不等於放棄幸福。唯有這件事，我希望妳銘記在心。

RULE 41

想要復合，就要從自己開始改變

「儘管這樣想很天真，但我還是好想和他復合！」的心情，我懂。想要挽回已經逝去的戀情不是一件容易的事，過程可能非常辛苦，也不一定百分之百成功，必須抱持著孤注一擲的心理準備。

復合的前置作業，每一項都必須徹底執行！

- 跳脫「該做的都做過了」的思維，讓自己保持新鮮感
- 實行「失戀後的法則」
- 進行「女主角的檢討大會」

男生如果決定分開，就表示妳在他心中已經不再重要。可惡一點的人，甚至會把對方當成方便做愛的存在，所謂的「前女友資料夾」，簡單來說，就是「**以前做愛對象的名單**」。如果妳是被甩的那一方，就必須狠狠讓對方知道「**不好意思，我可不想被歸類在那個膚淺的資料夾裡！**」

懂了嗎？不讓他打從心裡「**想要再追一次**」是絕對不行的！如果不費吹灰之力就復合的話，妳很快又會再一次被輕易放手。請拿出妳的毅力，徹底讓自己改頭換面成「讓他想再追一次」的女人。一定要讓他覺得是和完全不同的女性談戀愛才行！讓他追，讓他追，讓他追並且讓他獲得勝利！

讓自己重返「女主角」地位的復合密技

1 展開「女主角的檢討大會」

妳是不是常常在他面前歇斯底里？還是太過小心翼翼，讓他備感壓力？

在重新開始之前，一定要先展開「女主角的檢討大會」，找出自己被判出局的原因，以免重蹈覆轍。

② 進行「失戀後的法則」

男性是渴望「征服對方」、「吸引對方注意」的生物，如果妳對他百依百順，眼中只有他，他對妳連看都不會看一眼。所以首先，要先放下對他的執著。（也有可能在這個階段妳就放棄復合念頭了）

③ 徹底改變形象

這點是從②的概念中延伸出來的。不可以讓前男友一看到妳，就聯想到過去交往時的樣子。服裝、妝容、髮型、內衣褲請全部換掉！排除對方可能出現「**這個還在用呀？**」的既視感。為了隨時偶然重逢也沒問題，請好好提升自己的外在。

④ 不自己主動聯絡

如果有緣一定會再見面。當對方不經意發現，或是從共同好友口中聽到「你前女友變得好漂亮哦！」時，自然就會來聯絡妳了，這就是所謂的男人（笑）。

❺ 不要答應「等一下見個面好嗎？」的邀約

如果對方突然開口邀約見面，請按捺住想見面的心情，告訴他「我今天很忙，沒辦法哦~下次提前跟我說？」不要怕拒絕，妳已經變成好女人了，不是閒雜人等！

❻ 跳脫「該做的早就做過了」的思維，讓對方怦然心動！

如果約好見面了，就給對方煥然一新的感覺吧！熟悉感可以帶來片刻的療癒，卻沒辦法讓對方再次墜入愛河。如果遇到其他更怦然心動的女孩，他就會毫不留戀地轉移陣地。

❼ 嚴守三個月內不做愛的原則

這點請務必徹底執行。一方面也可以判斷前男友的態度是否認真，還是只想單純和妳上床？如果不能上床，是不是就沒有興致了？一見面就做愛，無疑是被當成炮友的開始，絕對要嚴格禁止！

不要相信眼淚的效用。從男生的觀點來看，哭哭啼啼求復合、優柔寡斷的模樣，毫無魅力。如果不重生到讓他內心動搖，讓他出現疑惑或懊悔的想法，讓他忍不住想問「**到底，她和我分手後發生了什麼事呀……？**」的話，最後只會成為陌生人，或邁入炮友的結局。

請仔細藏好復合的想法，不要讓他看到妳的真面目，就算對方提出復合的要求，也要表現出「我要重新評估一下哦，因為我只想和值得信任、值得交往的人在一起」的態度才行。

最後，請各位一定要記得，如果不能成為「唯一女主角」，不如放棄復合！如果想以「唯一女主角」的姿態重返舞台，就要讓自己在他眼中散發光芒，讓他追妳，讓他獲得勝利。

雖然這個比喻很刺耳，但妳們過去的感情，就像是玩膩的遊戲片，被他隨意出清丟棄。而追求復合的過程，就像是讓他過了一陣子後意外發現，原來那個遊戲片超級珍貴稀有，以為早就破過的關卡其實還有後續，而且，遊戲片還在拍賣會上被標了高價！

無論如何都想拿回遊戲片，在拍賣會上和敵手進行激烈的爭奪。一定要經過這個過程，看起來舊舊的遊戲片，才會成為他最重要的寶物。「**再也不放手了！**」想要讓他再一次把妳當寶物（唯一女主角），就必須站在男生的立場，展開這段獲勝的歷程。只能這樣，沒別的辦法了。

被人所愛，跟幸不幸運沒有關係！

想要成為被男人珍惜的女人，不需要靠好運。

看懂男人的想法，抬頭挺胸相信「我一定會得到幸福！」然後努力實踐本書中交給大家的追愛法則。真的，只要這樣做就好。

有些人可能可以迅速領悟並融會貫通我所說的話，很快找到屬於自己的幸福。但也有些人需要一點時間才能抓到訣竅，甚至在過程中陷入「**我真的完全不懂男人心……**」的自我懷疑之中。

沒關係的，不要急，按照妳自己的步調就好！

我自己本身就是不擅長學習，做什麼事都花超多時間、悟性很低的類型。但我沒有氣餒，經過不斷思考、實踐，如果失敗就分析原因……在反覆的錯誤中跌倒、學習後，才找到了屬於自己的幸福。即使領悟力比別人差，我依然靠著從來不放棄「一定要幸福！」的決心，走到今天這個境界。

在妳下定決心「要得到幸福！」的時候，人生就轉變了，在妳和把妳當「唯

「唯一女主角」對待的他之間，已經因此鋪好了一條相通的道路。

在這條路上，會有石頭（渣男）滾來滾去，偶爾還會被絆倒，也會突然下起澆熄信心的大雨，或是出現想停下腳步的時刻。

像這種痛苦的時候，請打開這本書。在妳迷路的時候，這本書裡一定會有讓妳抵達幸福之路的指引，告訴妳「不是那裡喔！走這裡！」的法則。

妳的人生是妳自己的。

但是，請讓我最後再說一件事。

勇往直前吧！不斷去追求和最愛的人一起笑著走下去的人生。

透過妳的手，人生將變得比現在更溫暖。哭濕枕頭的夜晚，都已經過去了！

相信吧，向前邁進吧！就算跌倒也沒關係，即使笨拙也沒關係。

因為這一切，都是為了讓妳成為「唯一女主角」的試煉。

請不要放棄！

〈最後的追愛法則〉永遠不要放棄幸福！

神崎瑪莉

台灣廣廈國際出版集團
Taiwan Mansion International Group

國家圖書館出版品預行編目（CIP）資料

真愛不能將就，幸福必須講究：想要抓住女人的幸福，就要成為對方眼中的「唯一女主角」！/ 神崎瑪莉著；胡汶廷譯.
-- 初版. -- 新北市：蘋果屋出版社有限公司, 2021.01
面； 公分
ISBN 978-986-99335-9-9(平裝)

1.戀愛 2.兩性關係

544.37 109017481

蘋果屋
APPLE HOUSE

真愛不能將就，幸福必須講究

想要抓住女人的幸福，就要成為對方眼中的「唯一女主角」！

作　　者／神崎瑪莉
翻　　譯／胡汶廷

編輯中心編輯長／張秀環
編輯／蔡沐晨
封面設計／林珈仔・**內頁排版**／菩薩蠻數位文化有限公司
製版・印刷・裝訂／皇甫・皇甫・秉成

行企研發中心總監／陳冠蒨

媒體公關組／陳柔彣
綜合業務組／何欣穎

發 行 人／江媛珍
法 律 顧 問／第一國際法律事務所 余淑杏律師・北辰著作權事務所 蕭雄淋律師
出　　版／蘋果屋
發　　行／台灣廣廈有聲圖書有限公司
地址：新北市235中和區中山路二段359巷7號2樓
電話：（886）2-2225-5777・傳真：（886）2-2225-8052

代理印務・全球總經銷／知遠文化事業有限公司
地址：新北市222深坑區北深路三段155巷25號5樓
電話：（886）2-2664-8800・傳真：（886）2-2664-8801
郵 政 劃 撥／劃撥帳號：18836722
劃撥戶名：知遠文化事業有限公司（※單次購書金額未達1000元，請另付70元郵資。）

■出版日期：2021年01月
ISBN：978-986-99335-9-9